池田大作先生監修

現代語訳

# 法華取要抄

創価学会教学部編

JN142838

目　次

# 法華取要抄《ほっけしゅようしょう》

装幀　株式会社プランク
松田　和也

一、本書は、「大白蓮華」に連載された創価学会教学部編、池田大作先生監修「現代語訳『法華取要抄』」（二〇一三年七月号～九月号）を、監修者の了解を得て「現代語訳『法華取要抄』」として収録した。

一、御書全集に対応するページ数を、現代語訳本文の上段に（ ）で示した。

一、理解を助けるため、御書本文の語句を該当する現代語訳の後に適宜〔 〕に入れて示した。また段を設けた。

一、経論等の引用箇所は、読みやすさを考え、書体を変えてある。

一、読みが難しい漢字には、ルビを振った。読みの統一などのため、一部、御書全集のルビを改めたものがある。

一、説明が必要と思われる語句には、〈注○〉を付け、各章の終わりに「注解」を設けた。

　御書の引用は、『新編 日蓮大聖人御書全集』（創価学会版、第二七五刷）を（御書○○㌻）で示した。

　法華経の引用は、『妙法蓮華経並開結』（創価学会版、第二刷）を（法華経○○㌻）で示した。

　日寛上人による御書の文段からの引用は、『日寛上人文段集』（聖教新聞社刊）を（文段集○○㌻）で示した。

一、本抄全体に関する解説を巻末に付した。

現代語訳

# 法華取要抄《ほっけしゅようしょう》

# 大段第一　釈尊《しゃくそん》の教えの勝劣《しょうれつ》を明かす

（御書三三一ページ一行目〜三三二ページ十五行目）

# 第1段　教えに勝劣《しょうれつ》がある

（御書三三一ページ一行目～二行目）

考えてみると、インド・西域《せいいき》から中国・日本へと渡って来た経典や論書《ろんしょ》は五千巻余《あま》りとも七千巻余りとも言われる〈注1〉。それらの経典や論書の優劣《ゆうれつ》・浅《せん》深《じん》・難易《なんい》・成立の前後について、自分自身の考えによって判断するには、力が足りない。一方、人に従《したが》い宗派の見解《けんかい》をよりどころとしてこれを知ろうとすれば、さまざまな見解があって混乱してしまう。

## ◇注　解◇

〈注1〉【インド・西域《せいいき》から……とも言われる】主要な経典目録《もくろく》として『開元釈教録《かいげんしゃっきょうろく》』（開元十八年＝七三〇年、智昇撰《ちしょうせん》）と『貞元新定釈教目録《じょうげんしんじょうしゃっきょうもくろく》』（貞元十六年＝八〇〇年、円照撰《えんしょう》）があるが、『開元釈教録』には千七十六部五千四十八巻が挙《あ》げられ、『貞元新定釈教目録』には二千四百十七部七千三百八十八巻が挙げられている。

## 第2段　諸宗《しょしゅう》の誤《あやま》った見解《けんかい》

（御書三三一ジペー一二行目〜十行目）

すなわち、華厳宗《けごんしゅう》〈注1〉は「すべての経典の中で華厳経《けごんぎょう》〈注2〉が第一である」と言う。

法相宗《ほっそうしゅう》〈注3〉は「すべての経典の中で深密経《じんみっきょう》〈注4〉が第一である」と言う。

三論宗《さんろんしゅう》〈注5〉は「すべての経典の中で般若経《はんにゃきょう》〈注6〉が第一である」と言う。

真言宗《しんごんしゅう》〈注7〉は「すべての経典の中で大日如来《だいにちにょらい》の三部経《さんぶきょう》（大日経《だいにちきょう》・金剛頂経《こんごうちょうきょう》・蘇《そ》悉地経《しつじきょう》）〈注8〉が第一である」と言う。

禅宗《ぜんしゅう》〈注9〉は「釈尊《しゃくそん》の教えの中では楞伽経《りょうがきょう》〈注10〉が第一である」と言う場合

もあり、「首楞厳経《しゅりょうごんぎょう》〈注11〉が第一である」と言う場合もあり、「（禅宗は）教外別《きょうげべつ》伝《でん》（経典とは別に釈尊の真実の覚《さと》りを伝えている）の宗派である」と言う場合もある。

浄土宗《じょうどしゅう》〈注12〉は「すべての経典の中で浄土三部経《じょうどさんぶきょう》（無量寿経《むりょうじゅきょう》・観無量寿経《かんむりょうじゅきょう》・阿弥陀経《あみだきょう》）〈注13〉が、末法《まっぽう》時代〈注14〉に入っては人々の機根《きこん》（仏教を信じ理解し実践する能力・資質《ししつ》）（機《き》）と教えが対応していて第一である」と言う。

倶舎宗《くしゃしゅう》・成実宗《じょうじつしゅう》・律宗《りっしゅう》〈注15〉は「四つの阿含経《あごんぎょう》〈注16〉と律《りつ》〈注17〉と論《ろん》〈注18〉が釈尊《しゃくそん》の説《と》いたものである。華厳経《けごんぎょう》や法華経などは釈尊が説いたものではなく、仏教以外の教え（外道《げどう》）を説く経《きょう》である」と言う。

このほかにもさまざまな主張がある〈注19〉。

それに、これら各宗の祖師《そし》である、（華厳宗《けごんしゅう》の）杜順《とじゅん》・智儼《ちごん》・法蔵《ほうぞう》・澄観《ちょうかん》〈注20〉、（法相宗《ほっそうしゅう》の）玄奘《げんじょう》・慈恩《じおん》〈注21〉、（三論宗《さんろんしゅう》の）嘉祥《かじょう》・道朗《どうろう》〈注22〉、（真言宗《しんごんしゅう》の）善無畏《ぜんむい》・金剛智《こんごうち》・不空《ふくう》〈注23〉、（律宗《りっしゅう》の）道宣《どうせん》・鑑真《がんじん》〈注24〉、（浄土宗《じょうどしゅう》の）曇鸞《どんらん》・道綽《どうしゃく》・

善導《ぜんどう》〈注25〉、（禅宗《ぜんしゅう》の）達磨《だるま》・慧可《えか》〈注26〉といった三蔵《さんぞう》や大師《だいし》ら〈注27〉は皆《みな》、聖《しょう》人《にん》である。また、賢人《けんじん》である。その智慧《ちえ》の輝《かがや》きは太陽や月に匹敵《ひってき》し、すぐれた人格は国中に影響《えいきょう》を与えている。

その上、彼らはそれぞれに経《きょう》・律《りつ》・論《ろん》をよりどころとしており、それぞれの主張に文証《もんしょう》がある。したがって、王も臣下《しんか》も国を挙《あ》げて彼らに帰依《きえ》し、庶民《しょみん》もこれを尊崇《そんすう》している。

釈尊《しゃくそん》の時代から遠く離れた時代の偏頗《へんぱ》な学問しかない（私・日蓮のような）者が、たとえこの中に判定を加えたとしても、人々は信用しないだろう。

## ◇注　解◇

〈注1〉【華厳宗《けごんしゅう》】華厳経《けごんぎょう》に基《もと》づく学派。唐《とう》の初期に杜順《とじゅん》が一宗を開いたとされ、弟子の智儼《ちごん》が継承《けいしょう》し、法蔵《ほうぞう》が大成《たいせい》した。日本では七四〇年、審祥《しんじょう》が初めて華厳経を講《こう》じ、日本華厳宗の始祖とされる。第二祖の良弁《ろうべん》は聖武天皇《しょうむてんのう》の帰依《きえ》を得て、東大寺《とうだいじ》を建立《こんりゅう》し別当《べっとう》になった。華厳の思想は時代や地域《ちいき》によって変容《へんよう》してきたが、鎌倉《かまくら》時代に華厳教学を体系化した凝然《ぎょうねん》（一二四〇年～一三二一年）は、五教十宗《ごきょうじっしゅう》の教判《きょうはん》によって華厳宗の教えを最高位の円教《えんぎょう》とし、その特徴《とくちょう》を事事無礙法界《じじむげほっかい》（あらゆる事物・事象が互《たが》いに妨《さまた》げることなく交流しあっているという世界観）とした。

〈注2〉【華厳経《けごんぎょう》】詳しくは大方広仏華厳経《だいほうこうぶつけごんぎょう》という。漢訳には、中国・東晋《とうしん》の仏駄跋陀羅訳《ぶっだばっだらやく》の六十華厳（旧訳《くやく》）、唐《とう》の実叉難陀訳《じっしゃなんだやく》の八十華厳（新訳《しんやく》）、唐の般若訳《はんにゃやく》の四十華厳の三種がある。無量《むりょう》の功徳《くどく》を完成した毘盧遮那仏《びるしゃなぶつ》の荘厳《そうごん》な覚《さと》りの世界を示そうとした経典であるが、仏の世界は直接《ちょくせつ》に説《と》くことができないので、菩薩《ぼさつ》のときの無量《むりょう》の修行（菩薩の五十二位）を説き、間接的に表現《ひょうげん》している。

〈注3〉【法相宗《ほっそうしゅう》】玄奘《げんじょう》が唐《とう》に伝えた唯識《ゆいしき》思想に基《もと》づき、その弟子の基《き》（慈恩《じおん》）が確立した学派。法相とは、諸法《しょほう》（あらゆる事物・事象）がそなえる真実の相のことで、この法相のあり方を明かすので法相宗という。また、あらゆる事物・事象は心の本体である識《しき》が変化《へんか》して仮に現《あらわ》れたもので、ただ識のみがあるとする唯識思想を主張するので唯識宗ともいう。日本には、四次にわたって伝来したが、道昭《どうしょう》が六五三年に唐に渡り、玄奘から学び、帰朝して飛鳥《あすか》の元興寺《がんごうじ》（奈良《なら》時代に平城京《へいじょうきょう》へ移転《いてん》）を拠点に弘通《ぐつう》したのが初伝《しょでん》とされる。奈良時代には興福寺《こうふくじ》を拠点に隆盛《りゅうせい》した。

〈注4〉【深密経《じんみっきょう》】解深密経《げじんみっきょう》のこと。中国・唐《とう》の玄奘訳《げんじょうやく》。五巻。唯識説《ゆいしきせつ》（あらゆる事物・事象は心に立ち現《あらわ》れているもので固定的な実体はないという思想）を体系的に説《と》き明かし、法相宗《ほっそうしゅう》では根本経典とされた。

〈注5〉【三論宗《さんろんしゅう》】竜樹《りゅうじゅ》の『中論《ちゅうろん》』『十二門論《じゅうにもんろん》』と提婆《だいば》（アーリヤデーヴァ）の『百論《ひゃくろん》』の三つの論《ろん》に基《もと》づく学派。鳩摩羅什《くまらじゅう》が三論を訳《やく》して、門下の僧肇《そうじょう》が研究し、隋《ずい》に吉蔵《きちぞう》が大成《たいせい》した。日本には六二五年、吉蔵の弟子で高句麗僧《こうくりそう》の慧灌《えかん》が伝え、奈良《なら》時代に興隆《こうりゅう》する。平安《へいあん》時代に聖宝《しょうぼう》が東大寺《とうだいじ》に東南院《とうなんいん》を建立《こんりゅう》して本拠《ほんきょ》とした。般若経《はんにゃきょう》の一切皆空無所得《いっさいかいくうむしょとく》（あらゆるものに固定的な実体はなく、また実体として得られるものはない）の思想に基づき、八不中道《はっぷちゅうどう》（八種の否定《ひてい》を通じて明らかになる中道）を観《かん》ずることで、一切《いっさい》の偏見《へんけん》を排《はい》して真理を顕《あらわ》すとする。

〈注6〉【般若経《はんにゃきょう》】詳しくは般若波羅蜜《はんにゃはらみつ》（多《た》）経《きょう》という。般若波羅蜜とは「智慧《ちえ》の完成」の意で、この智慧の完成によって得られる空《くう》の境地を強調している経典。西暦《せいれき》紀元前後ころに成立し、大乗《だいじょう》経典の中で最初期に成立したとされる。その後、数世紀にわたって各種の般若経典が編纂《へんさん》されていった。玄奘訳《げんじょうやく》の大般若波羅蜜多経《だいはんにゃはらみったきょう》（大般若経《だいはんにゃきょう》、六百巻）は、般若経典中、最大のものである。漢訳には、大般若経のほかに、鳩摩羅什《くまらじゅう》訳の摩訶般若波羅蜜経《まかはんにゃはらみつきょう》（大品般若経《だいぼんはんにゃきょう》）や、小品般若波羅蜜経《しょうぼんはんにゃはらみつきょう》、金剛般若経《こんごうはんにゃきょう》などがある。

〈注7〉**【真言宗《しんごんしゅう》】** 密教《みっきょう》経典に基《もと》づく日本仏教の宗派。手に印相《いんぞう》を結《むす》び、口に真言（呪文《じゅもん》）を唱《とな》え、心に曼荼羅《まんだら》を観想《かんそう》するという三密《さんみつ》の修行によって成仏《じょうぶつ》を目指す。善無畏《ぜんむい》・金剛智《こんごうち》・不空《ふくう》らがインドから唐《とう》にもたらした大日経《だいにちきょう》・金剛頂経《こんごうちょうきょう》などを根本とする。日本には空海《くうかい》が唐から伝え、一宗派として開創《かいそう》した。なお、日本の密教には空海の東寺流《とうじりゅう》（東密《とうみつ》）のほか、比叡山《ひえいざん》の円仁《えんにん》・円珍《えんちん》らによる天台《てんだい》真言（台密《たいみつ》）がある。

台密《たいみつ》では、大日経《だいにちきょう》と法華経とは「理《り》」（一念三千《いちねんさんぜん》）は同じであるが、「事《じ》」においては「印《いん》と真言《しんごん》」を詳しく明かしている大日経が優《すぐ》れるとする、いわゆる理同事勝《りどうじしょう》の邪義《じゃぎ》を用いた。「印」とは印契《いんげい》の略で、手を組み合わせてつくる形など、仏の内証《ないしょう》・本誓願《ほんせいがん》を象徴する標《ひょう》識《しき》。「真言」とは絶対真実の言葉の意で、諸尊《しょそん》の内証の本誓願を象徴する秘密語《ひみつご》とされる。

〈注8〉**【大日如来《だいにちにょらい》の三部経《さんぶきょう》（大日経《だいにちきょう》・金剛頂経《こんごうちょうきょう》・蘇悉地経《そしつじきょう》）】** 大日経は、詳しくは大毘盧遮那成《だいびるしゃなじょう》仏神変加持経《ぶつじんべんかじきょう》という。中国・唐《とう》の善無畏《ぜんむい》・一行《いちぎょう》の共訳《きょうやく》。七巻。最初《さいしょ》のまとまった密教経典《みっきょうきょうてん》であり、曼荼羅《まんだら》（胎蔵曼荼羅《たいぞうまんだら》）の作成法やそれに基《もと》づく修行法などを説《と》く。密教は、インドにおける大乗《だいじょう》仏教の展開《てんかい》の最後に出現したもので、神秘的な儀礼や象徴を活用して修行の促進《そくしん》や現世利益《げんぜりやく》の成就《じょうじゅ》を図る仏教をいう。

金剛頂経《こんごうちょうきょう》は漢訳に三種あるが、一般には唐《とう》の不空《ふくう》が訳《やく》した金剛頂一切如来真実摂大乗現証大教王経《こんごうちょういっさいにょらいしんじつしょうだいじょうげんしょうだいきょうおうぎょう》をさす。三巻。金剛界《こんごうかい》を説《と》いた経とされ、大日経《だいにちきょう》とともに密教《みっきょう》の根本聖典《せいてん》とされる。金剛界三十七尊《さんじゅうしちそん》が明かされ、金剛界曼荼羅《まんだら》とその供養法《くようほう》などが説《と》かれている。

蘇悉地経《そしつじきょう》は、詳しくは蘇悉地羯羅経《からきょう》という。唐《とう》の善無畏訳《ぜんむいやく》。三巻。仏部《ぶつぶ》・蓮華部《れんげぶ》・金剛《こんごう》部《ぶ》の三部法《さんぶほう》について真言《しんごん》の持誦《じじゅ》・灌頂《かんじょう》・諸曼荼羅《しょまんだら》および妙果《みょうか》を得るための種々の成就法《じょうじゅほう》を説いている。台密《たいみつ》（天台密教《てんだいみっきょう》）では慈覚《じかく》が『蘇悉地経疏《そしつじきょうしょ》』で、蘇悉地経は金剛・胎蔵《たいぞう》の両部《りょうぶ》不二《ふに》の秘経《ひきょう》であり、金剛頂経《こんごうちょうきょう》・大日経《だいにちきょう》よりも深秘《じんぴ》な経としている。

〈注9〉【禅宗《ぜんしゅう》】座禅《ざぜん》によって覚《さと》りが得られると主張《しゅちょう》する宗派。菩提達磨《ぼだいだるま》を初祖とするので達磨宗《だるましゅう》ともいう。中国では唐《とう》以後に盛《さか》んになり、多くの派《は》が生まれた。日本には奈良《なら》時代に伝えられたが伝承《でんしょう》が途絶《とだ》え、平安《へいあん》末期にいたって大日能忍《だいにちのうにん》や栄西《えいさい》によって宗派として樹《じゅ》立《りつ》された。日蓮大聖人の時代には、大日能忍の日本達磨宗が隆盛《りゅうせい》し、栄西や渡来僧《とらいそう》・蘭渓《らんけい》道隆《どうりゅう》によって伝えられた臨済宗《りんざいしゅう》の禅《ぜん》が広まっていた。

禅宗《ぜんしゅう》では、霊山会上《りょうぜんえじょう》で釈尊《しゃくそん》が黙然《もくねん》として花を拈《ひね》って弟子たちに示した時、その意味を理解できたのは迦葉《かしょう》一人であったとし、法《ほう》は不立文字《ふりゅうもんじ》・教外別伝《きょうげべつでん》されて迦葉に付嘱《ふぞく》され、この法を第二祖の阿難《あなん》、第三祖の商那和修《しょうなわしゅ》と代々伝えて第二十八祖の達磨《だるま》に至《いた》ったとする。

また、戒《かい》・定《じょう》・慧《え》の三学《さんがく》のうち、特に定を強調している。すなわち仏法の真髄《しんずい》は決して煩雑《はんざつ》な教理の追究《ついきゅう》ではなく、座禅入定《ざぜんにゅうじょう》の修行によって直接に自証《じしょう》体得することができるとして、そのために文字も立てず（不立文字《ふりゅうもんじ》）、覚りの境地は仏や祖師が教え伝えるものでなく（仏祖不伝《ぶっそふでん》）、経論とは別に伝えられたもので（教外別伝《きょうげべつでん》）、仏の教法《きょうほう》は月をさす指のようなものであり、禅法《ぜんぼう》を修《しゅ》することにより、わが身が即《そく》仏になり（即身即仏《そくしんそくぶつ》）、人の心がそのまま仏性《ぶっしょう》であると直ちに見て成仏することができる（直指人心《じきしにんしん》、見性成仏《けんしょうじょうぶつ》）というもので、仏祖《ぶっそ》にもよらず、仏の教法をも修学《しゅがく》せず、画像《えぞう》・木像《もくぞう》をも否定する。

〈注10〉【楞伽経《りょうがきょう》】漢訳には四種ある。釈尊《しゃくそん》が楞伽島《りょうがとう》（スリランカ）で説《と》いたという設定の経典で、唯識説《ゆいしきせつ》や仏性説《ぶっしょうせつ》が説かれている。初期の禅宗《ぜんしゅう》で重視された。

〈注11〉【首楞厳経《しゅりょうごんぎょう》】詳しくは大仏頂如来密因修証了義諸菩薩万行首楞厳経《だいぶっちょうにょらいみっちんしゅしょうりょうぎしょぼさつまんぎょうしゅりょうごんぎょう》といい、大仏頂経とも略す。唐《とう》の般刺蜜帝《はんらみったい》訳《やく》とされる。十巻。白傘蓋陀羅尼《びゃくさんがいだらに》と禅定《ぜんじょう》の功徳《くどく》を賞讃《しょうさん》している。なお、鳩摩羅什《くまらじゅう》訳の首楞厳三昧経《しゅりょうごんざんまいきょう》とはまったく別の経典である。

〈注12〉【浄土宗《じょうどしゅう》】阿弥陀仏《あみだぶつ》の本願《ほんがん》を信《しん》じ、阿弥陀仏の浄土である安養《あんよう》世界（極楽《ごくらく》）への往生《おうじょう》を期す宗派。念仏宗《ねんぶつしゅう》ともいう。浄土信仰は、中国・東晋《とうしん》に廬山《ろざん》の慧遠《えおん》を中心として、念仏結社《けっしゃ》である白蓮社《びゃくれんしゃ》が創設されたのが始まりとされる。後に、浄土五祖とされる南北朝《なんぼくちょう》時代の曇鸞《どんらん》が浄土教《じょうどきょう》を広め、唐《とう》の道綽《どうしゃく》・善導《ぜんどう》によって教義が整えられた。日本では、平安《へいあん》末期に法然《ほうねん》が専修念仏《せんじゅねんぶつ》を創唱《そうしょう》した。

〈注13〉【浄土三部経《じょうどさんぶきょう》（無量寿経《むりょうじゅきょう》・観無量寿経《かんむりょうじゅきょう》・阿弥陀経《あみだきょう》）】浄土三部経とは、浄土教《じょうどきょう》で重んじた無量寿経・阿弥陀経・観無量寿経の三つで、日本浄土宗《じょうどしゅう》の開祖・法然《ほうねん》が定めた。

無量寿経《むりょうじゅきょう》。中国・魏晋南北朝《ぎしんなんぼくちょう》時代の魏の康僧鎧《こうそうがい》訳《やく》とされるが諸説ある。無量寿仏《むりょうじゅぶつ》（阿弥《あみ》陀仏《だぶつ》）の修行時の姿《すがた》である法蔵菩薩《ほうぞうぼさつ》の四十八願《しじゅうはちがん》を説《と》き、極楽《ごくらく》世界の様子を解説《かいせつ》している。二巻なので「双巻経《そうかんぎょう》」と称《しょう》し、「双観経」とも記された。

観無量寿経《かんむりょうじゅきょう》。南北朝《なんぼくちょう》時代の宋《そう》の畺良耶舎《きょうりょうやしゃ》訳《やく》。一巻。阿弥陀仏《あみだぶつ》と極楽《ごくらく》世界を対象とする十六種類の観想法《かんそうほう》を説《と》いている。

阿弥陀経《あみだきょう》。鳩摩羅什《くまらじゅう》訳《やく》。一巻。阿弥陀仏《あみだぶつ》がいる極楽《ごくらく》世界の様子を述べ、阿弥陀仏を一心に念《ねん》ずることで極楽世界に生まれることができると説《と》く。

〈注14〉**【末法《まっぽう》時代】** 仏の教え（教《きょう》）だけが存在して、それを学び修行すること（行《ぎょう》）や覚《さと》りを得ること（証《しょう》）がない時期のこと。釈尊《しゃくそん》の仏法の功力《くりき》が消滅《しょうめつ》し、隠没《おんもつ》する時をいう。

日蓮大聖人の御在世《ございせ》当時は、釈尊滅後《しゃくそんめつご》正法《しょうほう》一千年、像法《ぞうほう》一千年を過《す》ぎて末法《まっぽう》に入るという説《せつ》が用いられていた。

したがって、『周書異記《しゅうしょいき》』にあるように釈尊《しゃくそん》の入滅《にゅうめつ》を、周《しゅう》の穆王《ぼくおう》五十二年（紀元前九四九年）として正像《しょうぞう》二千年説《せつ》を用いると、永承《えいしょう》七年（一〇五二年）が末法《まっぽう》の到来《とうらい》となる（ただし釈尊の入滅の年代については諸説がある）。それによると大聖人の出世は釈尊滅後《めつご》およそ二千二百年にあたるから、末法の始めの五百年中の御出現となる。

末法《まっぽう》の年代について『中観論疏《ちゅうがんろんしょ》』などには釈尊滅後《しゃくそんめつご》二千年以後一万年としている。大聖人は、末法を万年の外《ほか》・尽未来際《じんみらいさい》とされている。弘長《こうちょう》二年（一二六二年）御述作《ごじゅっさく》の「教機時《きょうきじ》国抄《こくしょう》」に「仏の滅後の次の日より正法《しょうほう》一千年は持戒《じかい》の者は多く破戒《はかい》の者は少し正法《しょうほう》一千年の次の日より像法《ぞうほう》一千年は破戒の者は多く無戒《むかい》の者は少し、像法一千年の次の日より末法一万年は破戒の者は少く無戒の者は多し……又当世《またとうせい》は末法に入《い》って二百一十余年《よねん》なり」（御書四三九ジペー）と述べられている。

大集経《だいじっきょう》では、「闘諍堅固《とうじょうけんご》」（僧《そう》は戒律《かいりつ》を守らず、争《あらそ》いばかり起こして邪見《じゃけん》がはびこる時代）で、「白法隠没《びゃくほうおんもつ》」（釈尊《しゃくそん》の仏法が見失《みうしな》われる時代）であるとされる。

〈注15〉【倶舎宗《くしゃしゅう》・成実宗《じょうじつしゅう》・律宗《りっしゅう》】いずれも南都六宗《なんとろくしゅう》に数えられる。

倶舎宗《くしゃしゅう》は、インドの論師《ろんじ》・世親《せしん》（ヴァスバンドゥ）の『倶舎論』に基《もと》づく学派。法相宗《ほっそうしゅう》に付随《ふずい》して学ばれる寓宗《ぐうしゅう》（他に寄寓《きぐう》する学派）である。

成実宗《じょうじつしゅう》は、インドの訶梨跋摩《かりばつま》（ハリーヴァルマン）の『成実論《じょうじつろん》』に基《もと》づく学派。鳩摩羅什《くまらじゅう》によって『成実論』が漢訳されると、羅什門下の僧叡《そうえい》・僧導《そうどう》らによって研究が盛《さか》んに行われた。日本では三論宗《さんろんしゅう》に付随《ふずい》して学ばれる寓宗《ぐうしゅう》である。

律宗《りっしゅう》は、戒律《かいりつ》を受持《じゅじ》する修行によって涅槃《ねはん》の境地を得ようとする学派。日本には鑑真《がんじん》が、中国の隋《ずい》・唐《とう》の道宣《どうせん》を祖とする南山《なんざん》律宗を伝え、平城京《へいじょうきょう》（奈良市）の東大寺《とうだいじ》に戒壇院《かいだんいん》を設《もう》け、後に天下《てんか》三戒壇（東大寺、下野《しもつけ》の薬師寺《やくしじ》、筑紫《つくし》の観世音寺《かんぜおんじ》の戒壇）の中心となった。その後、天平宝字《てんぴょうほうじ》三年（七五九年）に唐招提寺《とうしょうだいじ》を開いて律《りつ》研究の道場として以来、律宗が成立した。

〈注16〉【四つの阿含経《あごんぎょう》】阿含経の漢訳で、長《じょう》阿含経・中《ちゅう》阿含経・雑《ぞう》阿含経・増一《ぞういち》阿含経の四種。「阿含」はサンスクリットのアーガマの音写で、「伝承《でんしょう》された聖典《せいてん》」の意。各部派《かくぶは》が伝承した釈尊《しゃくそん》の教説のこと。歴史上の釈尊に比較的近い時代の伝承を伝えている。中国や日本では、大乗《だいじょう》との対比《たいひ》で、小乗《しょうじょう》の経典として位置づけられた。

〈注17〉【律《りつ》】仏教教団で出家者《しゅっけしゃ》が修行する上で守るべき種々の規則。また、それを説《と》いた典籍《てんせき》を指す。

〈注18〉【論《ろん》】釈尊《しゃくそん》の教法《きょうほう》を体系づけ注釈したもの。

〈注19〉【このほかにもさまざまな主張がある】御書本文は「或《あるい》は云《いわ》く或は云く」（三三一ページ）。御真筆《ごしんぴつ》も「或云或云」。日寛上人《にちかんしょうにん》の『取要抄文段《しゅようしょうもんだん》』によれば、日興上人《にっこうしょうにん》の写本には「或は云く」とあるのみで、日本の天台宗《てんだいしゅう》の円仁《えんにん》（慈覚《じかく》）・円珍《えんちん》（智証《ちしょう》）の主張を指していると解釈《かいしゃく》している（文段集五五八ページ）。

〈注20〉【杜順《とじゅん》・智儼《ちごん》・法蔵《ほうぞう》・澄観《ちょうかん》】杜順（五五七年～六四〇年）。法順《ほうじゅん》ともいう。中国華厳宗《けごんしゅう》の第一祖とされる。唐《とう》の太宗《たいそう》から崇敬《すうけい》された。智儼に法《ほう》を伝えた。

智儼《ちごん》（六〇二年～六六八年）は唐《とう》の僧《そう》で、華厳《けごん》教学の基礎《きそ》を築《きず》いたが、一般には杜順《とじゅん》に継《つ》ぐ華厳宗第二祖とされる。弟子に法蔵《ほうぞう》がいる。

法蔵《ほうぞう》（六四三年～七一二年）は唐《とう》の僧《そう》で、華厳宗《けごんしゅう》第三祖とされる。華厳教学の大成者《たいせいしゃ》といわれる。

澄観《ちょうかん》（七三八年〜八三九年）は唐《とう》の僧《そう》で、華厳宗《けごんしゅう》の第四祖に位置づけられる。五台山清涼寺《ごだいさんしょうりょうじ》に住み清涼国師《しょうりょうこくし》と呼ばれた。実叉難陀《じっしゃなんだ》が訳《やく》した八十巻の華厳経《けごんぎょう》を研究し、『華厳経疏《けごんぎょうしょ》』『華厳経随疏演義抄《けごんぎょうずいしょえんぎしょう》』などを著《あらわ》した。

〈注21〉【玄奘《げんじょう》・慈恩《じおん》】玄奘（六〇二年〜六六四年、生年には六〇〇年説《せつ》など諸説がある）は、中国・唐《とう》の初期の僧《そう》。唯識《ゆいしき》思想を究《きわ》めようとインドへ経典を求めて旅し、多くの経典を伝えるとともに翻訳《ほんやく》を一新した。主著に旅行記《りょこうき》『大唐西域記《だいとうさいいきき》』がある。弟子の慈恩《じおん》（基《き》）が立てた法相宗《ほっそうしゅう》で祖師とされる。

慈恩《じおん》（六三二年〜六八二年）は唐《とう》の僧《そう》で、大乗基《だいじょうき》ともいう。玄奘《げんじょう》の弟子で、法相宗《ほっそうしゅう》の開創者《かいそうしゃ》。長安《ちょうあん》（現在の陝西省西安《せんせいしょうせいあん》）の大慈恩寺《だいじおんじ》に住んだので、慈恩大師《だいし》と称《しょう》される。

〈注22〉【嘉祥《かじょう》・道朗《どうろう》】嘉祥（五四九年〜六二三年）は、中国の隋《ずい》・唐《とう》の僧《そう》、吉蔵《きちぞう》のこと。三論宗《さんろんしゅう》を大成《たいせい》した。嘉祥寺に居住したので嘉祥大師《だいし》と称《しょう》された。主著に『法華義疏《ほっけぎしょ》』がある。

本抄で言われている道朗《どうろう》は、法朗《ほうろう》（五〇七年〜五八一年）のことだと思われる。吉蔵《きちぞう》の師。南北朝《なんぼくちょう》時代の三論宗《さんろんしゅう》の僧《そう》で、建康《けんこう》（南京《なんきん》）の興皇寺《こうおうじ》に住んだので興皇とも呼ばれる。

〈注23〉【善無畏《ぜんむい》・金剛智《こんごうち》・不空《ふくう》】善無畏（六三七年〜七三五年）はインド出身で、大日経《だいにちきょう》・蘇悉地経《そしつじきょう》などを訳《やく》し、中国に初めて体系的な密教《みっきょう》をもたらした。

金剛智《こんごうち》（六七一年〜七四一年）は、中《ちゅう》インド（ガンジス川中流域の古代インドの文化の中心）あるいは南インドの出身で、金剛頂経《こんごうちょうきょう》（金剛頂瑜伽中略出念誦経《こんごうちょうゆがちゅうりゃくしゅつねんじゅきょう》）などを訳《やく》し、中国に初めて金剛頂経系統の密教《みっきょう》をもたらした。

不空《ふくう》（七〇五年～七七四年）は、北インド（一説にスリランカ）の生まれで、金剛智《こんごうち》の弟子。金剛頂経《こんごうちょうきょう》など百部百四十三巻におよぶ多くの経典を訳《やく》した。

〈注24〉**【道宣《どうせん》・鑑真《がんじん》】** 道宣（五九六年～六六七年）は、中国・唐《とう》の僧《そう》。律《りつ》に詳しく、南山律宗《なんざんりっしゅう》の祖とされる。終南山《しゅうなんざん》（陝西省西安市《せんせいしょうせいあん》の南方にある山）の豊徳寺《ぶとくじ》に長く住んでいた。

鑑真《がんじん》（六八八年～七六三年）は中国・唐《とう》の僧《そう》で、日本律宗《りっしゅう》の開祖。天平勝宝《てんぴょうしょうほう》五年（七五三年）に来日し、律《りつ》（出家《しゅっけ》教団の規則）に基《もと》づく正式な授戒出家《じゅかいしゅっけ》の方式を伝えた。また、天台《てんだい》大師智顗《だいしちぎ》の著作を含《ふく》むさまざまな文献《ぶんけん》をもたらした。道宣《どうせん》の孫弟子に当たる。

〈注25〉**【曇鸞《どんらん》・道綽《どうしゃく》・善導《ぜんどう》】** 曇鸞（四七六年～五四二年）は、中国・南北朝《なんぼくちょう》時代の浄土教《じょうどきょう》の祖師。主著に『往生論註《おうじょうろんちゅう》』がある。

道綽《どうしゃく》（五六二年～六四五年）は、隋《ずい》から唐《とう》にかけての浄土教《じょうどきょう》の祖師。主著に『安楽集《あんらくしゅう》』がある。釈尊《しゃくそん》の教えを聖道門《しょうどうもん》（浄土教以外《いがい》の教え）と浄土門《じょうどもん》に分け、聖道門を誹謗《ひぼう》した。

善導《ぜんどう》（六一三年～六八一年）は、唐《とう》の浄土教《じょうどきょう》の祖師。主著に『観無量寿経疏《かんむりょうじゅきょうしょ》』『往生礼讃《おうじょうらいさん》偈《げ》』などがある。

〈注26〉**【達磨《だるま》・慧可《えか》】** 達磨（生没年不詳）は、中国・南北朝《なんぼくちょう》時代の僧《そう》・菩提《ぼだい》達磨のこと。インド出身で、禅宗《ぜんしゅう》の祖とされる。

慧可《えか》（四八七年～五九三年）は、南北朝《なんぼくちょう》時代から隋《ずい》の僧《そう》。達磨《だるま》の弟子で、禅宗《ぜんしゅう》第二祖とされる。

〈注27〉**【三蔵《さんぞう》や大師《だいし》ら】** 経《きょう》・律《りつ》・論《ろん》の三つ（三蔵）を習得した大学者を三蔵法師《ほうし》、略《りゃく》して三蔵といい、主にすぐれた訳経僧《やっきょうそう》のことを言う。大師はすぐれた僧に贈《おく》られる称号。

## 第3段　法華経が第一の証拠《しょうこ》

（御書三三一ジペー十行目〜三三二ジペー十行目）

しかしながら、せっかく宝《たから》の山に来て登ったのに土塊《つちくれ》や石を手に取ったり、栴檀《せんだん》〈注1〉の林に歩み入《い》ったのに伊蘭《いらん》〈注2〉を手に入れるのなら、恨《うら》めしい気持ちや悔《く》いが残る。

それ故、多くの人々から謗《そし》られることを顧《かえり》みずに、自分の考えで取捨選択《しゅしゃせんたく》する。私の弟子たちは、これを詳しく検討《けんとう》しなさい。

さまざまな宗派の学者たちは、旧訳《くやく》〈注3〉の経典や論書《ろんしょ》は見ていても、新訳《しんやく》

〈注4〉の仏典《ぶってん》は見ていなかったり、新訳の経典や論書は見ていても、旧訳の方を無視していたり、自分の宗派に執着《しゅうちゃく》して自分勝手な考えを押し通して、愚《おろ》かな見解《けんかい》を書きとどめて、後《のち》の時代にこれを付け加えている。

たまたま切《き》り株《かぶ》に当たって死んだ兎《うさぎ》を見て驚《おどろ》き騒《さわ》いだ後は（切り株を見守るのではなく）、兎そのものを追い求める〈注5〉。（満月の形をした）円《まる》いうちわを見て智慧《ちえ》がわいた後は（いつまでも、うちわを見ていずに）、空にある月を仰《あお》ぎ見る。間《ま》違《ちが》ったものを捨《す》て、道理《どうり》に合ったものを取るのが、智慧《ちえ》のある人である。

いま、インドの大学者の論書《ろんしょ》を注釈《ちゅうしゃく》した学者たちや、（中国・日本の）各《かく》宗派の祖となった学者たちの誤《あやま》った教えは無視して、釈尊《しゃくそん》の説《と》いた経典やインドの大学者の論書だけを引いて見てみると、釈尊が五十年余《あま》りにわたって説いたさまざまな経典の中では、法華経第四巻の法師品《ほっしほん》の中にある「已今当《いこんとう》」という三文字〈注6〉が、第一の経文である。

種々の学者たちは、この「已今当《いこんとう》」の経文を見たことは間違《まちが》いない。しかしながら（彼らが「法華経が第一である」と言わないのは）、類似《るいじ》する経文に迷《まよ》ったり、宗派の祖である学者たちの誤《あやま》った見解《けんかい》に執着《しゅうちゃく》したり、王や臣下《しんか》たちが他の見解《けんかい》の学者に帰依《きえ》しているのを恐《おそ》れたのだろうか〈注7〉。

（彼らが迷《まよ》った類似《るいじ》の経文とは）具体的には、金光明経《こんこうみょうきょう》〈注8〉の「（金光明経は）さまざまな経典の王である」、密厳経《みつごんぎょう》〈注9〉の「（密厳経は）すべての経典の中で最も優《すぐ》れている」、六波羅蜜経《ろっぱらみつきょう》〈注10〉の「（五種類の教えの中で）総持門《そうじもん》〈注11〉が第一である」〈注12〉、大日経《だいにちきょう》の「覚《さと》りとはいかなることか（といえば、ありのままに自《みずか》らの心を知ることである）」〈注13〉、華厳経《けごんぎょう》の「この経を信じることは甚《はなは》だ難《むずか》しい」〈注14〉、般若経《はんにゃきょう》の「あらゆるものを真理に合一《ごういつ》させて真理以外のものを見ない」〈注15〉、（竜樹《りゅうじゅ》〈注16〉の著とされる）『大智度論《だいちどろん》』〈注17〉の「般若経が第一である」〈注18〉、（世親《せしん》〈注19〉の）『涅槃論《ねはんろん》』〈注20〉の「（小乗《しょうじょう》の経や般若経・法華経などは煩悩《ぼんのう》に汚《けが》されているが）今、涅槃経《ねはんぎょう》の真理（は煩悩に汚されていない）」〈注21〉がある。

これらの文《もん》は、法華経の「已今当《いこんとう》」の三文字に類似《るいじ》した経文である。しかしながら、これらの文は、梵天《ぼんてん》・帝釈天《たいしゃくてん》・四天王《してんのう》ら〈注22〉が説《と》いた経典と対比《たいひ》して、（金光明経《こんこうみょうきょう》では）「さまざまな経典の王である」と言ったり、小乗《しょうじょう》の経と対比して「さまざまな経典の王である」と言ったり、華厳経《けごんぎょう》や勝鬘経《しょうまんぎょう》〈注23〉などと対比して（密厳経《みつごんぎょう》では）「すべての経典の中で最も優《すぐ》れている」と言っているのである。釈尊《しゃくそん》が教えを説いた五十年余《あま》りの中の大乗《だいじょう》・小乗〈注24〉、権教《ごんきょう》・実教《じっきょう》〈注25〉、顕教《けんきょう》・密教《みっきょう》〈注26〉のさまざまな経典と対比して「さまざまな経典の王の上に立つ大王である」と言っているのではまったくない。

結局、比較《ひかく》の対象を見て、経典相互《そうご》の優劣《ゆうれつ》を判断するのである。強い敵《てき》を屈《くっ》伏《ぷく》させて、初めて力《ちから》が強いことが分かるというのは、このことである。

その上、法華経以外の経典の優劣《ゆうれつ》は、釈尊《しゃくそん》一人だけが定めた浅深《せんじん》である。多宝如来《たほうにょらい》〈注27〉や十方《じっぽう》の世界の分身《ふんじん》の仏たち〈注28〉が保証《ほしょう》したものではまったくない。個人的な意見を、公《おおやけ》の事柄に交《まじ》えてはならないと言われているとおりである。

法華経以外の経典は、二乗《にじょう》〈注29〉や凡夫《ぼんぷ》を聴衆《ちょうしゅう》として小乗《しょうじょう》の経典を説《と》いたり、文殊菩薩《もんじゅぼさつ》〈注30〉や解脱月菩薩《げだつがつ》〈注31〉・金剛薩埵《こんごうさった》〈注32〉など（種々の大乗《だいじょう》の）教えを広め伝える菩薩に対して説かれていて、千世界《せんせかい》の微粒子《びりゅうし》の数ほど多くの地涌《じゆ》の菩薩たち〈注33〉や、そのリーダーである上行菩薩《じょうぎょう》たち〈注33〉ではまったくない。

## ◇注　解◇

〈注1〉【栴檀《せんだん》】香木《こうぼく》の一種。林の中で伊蘭《いらん》の臭気《しゅうき》を消すという。

〈注2〉【伊蘭《いらん》】薬草の一種。仏典《ぶってん》では、強い悪臭《あくしゅう》を放つとされる。また伊蘭の群生《ぐんせい》するところに、栴檀《せんだん》が生ずるともいわれている。

〈注3〉【旧訳《くやく》】鳩摩羅什《くまらじゅう》（五世紀初め）らによる漢訳。

〈注4〉【新訳《しんやく》】玄奘《げんじょう》（七世紀中頃）以後の漢訳。

〈注5〉【たまたま切り株……追い求める】これは、『韓非子《かんぴし》』などに見られる「株守《しゅしゅ》」の愚《ぐ》者《しゃ》の話をふまえたものである。ここでは、株守にとどまることなく別の所にウサギを探し求める者として描かれている。これは愚者ではなく智者《ちしゃ》の譬《たと》えである。

〈注6〉【「已今当《いこんとう》」という三文字】法華経法師品《ほっしほん》第十に「我《わ》が説《と》く所《ところ》の経典は無量千万億《むりょうせんまんのく》にして、已《すで》に説き、今《いま》説き、当《まさ》に説くべし。而《しか》も其《そ》の中《なか》に於《お》いて、此《こ》の法華経は最も為《こ》れ難《なん》信難解《しんなんげ》なり」（法華経三六二㌻）とある。これについて、天台大師智顗《てんだいだいしちぎ》は、過去の説法《せっぽう》（已《い》説《せつ》）とは、法華経以前に説かれた、いわゆる爾前《にぜん》の諸経、現在の説法（今説《こんせつ》）とは法華経と同時期の無量義経《むりょうぎきょう》、未来の説法（当説《とうせつ》）とは法華経より後に説かれた涅槃経《ねはんぎょう》などを指すと解釈《かいしゃく》している。

〈注7〉【王や臣下《しんか》たちが……恐《おそ》れたのだろうか】御真筆《ごしんぴつ》は「或恐王臣等帰依歟」。〝王臣《おうしん》からの帰依《きえ》を失《うしな》うことを恐れる〟とも解しうるが、「失う」というところまで読み込むのは難《むずか》しい。むしろ〝王臣が別の人師《にんし》に帰依しているため、それを恐れて、「法華最第一《ほっけさいだいいち》」と言わずに沈黙《ちんもく》すること〟と解した方が自然であろう。唐《とう》の太宗《たいそう》が玄奘《げんじょう》に帰依していたため、天台宗《てんだいしゅう》が沈黙していたような事態が想定されていると思われる。「報恩抄《ほうおんしょう》」には「太宗は賢王《けんおう》なり玄奘の御帰依《ごきえ》あさからず、いうべき事ありしかども・いつもの事なれば時の威《い》をおそれて申す人なし」（御書三〇一ジペー）とある。

〈注8〉【金光明経《こんこうみょうきょう》】漢訳には中国・北涼《ほくりょう》の曇無讖訳《どんむしんやく》の金光明経四巻、唐《とう》の義浄訳《ぎじょうやく》の金光明《こんこうみょう》最勝王経《さいしょうおうきょう》十巻などがある。引用文は曇無讖訳にある。懺悔《さんげ》による滅罪《めつざい》の功徳《くどく》を強調するとともに、この経を護持《ごじ》するものを、四天王《してんのう》をはじめ一切《いっさい》の諸天善神《しょてんぜんじん》が加護《かご》するが、もし正法《しょうほう》をないがしろにすれば、諸天が国を捨《す》て去《さ》って種々《しゅじゅ》の災難《さいなん》が競《きそ》い起こると説《と》いている。

〈注9〉【密厳経《みつごんぎょう》】詳しくは大乗《だいじょう》密厳経という。中国・唐《とう》の地婆訶羅訳《じばからやく》と不空訳《ふくうやく》がある。三巻。法相宗《ほっそうしゅう》がよりどころとする経の一つ。引用文は不空訳にある。不生不滅《ふしょうふめつ》、清浄無垢《しょうじょうむく》の如来蔵《にょらいぞう》について述べている。さらに、万物の根源《こんげん》は阿頼耶識《あらやしき》であり、如来蔵・阿頼耶識・密厳の三者は究極的には一体であることが示されている。

〈注10〉【六波羅蜜経《ろっぱらみつきょう》】大乗理趣六波羅蜜多経《だいじょうりしゅろっぱらみったきょう》の略《りゃく》。中国・唐《とう》の般若訳《はんにゃやく》。十巻。般若経典の一つ。般若経典を仏の智慧《ちえ》を説《と》いた真実の経典と位置づけるとともに、経典・論書などを学ぶ力がない者のために呪文《じゅもん》（陀羅尼《だらに》）が説《と》かれたとする。

〈注11〉**【総持門《そうじもん》】** 総持の法門のこと。「総持」とは、サンスクリットのダーラニーの訳《やく》。善《ぜん》を持《たも》って失《うしな》わず、悪を起こさないこと。法《ほう》・義・呪《じゅ》・忍《にん》の四種の陀羅尼《だらに》があるが、密教《みっきょう》では第三の呪《じゅ》総持を重視する。

〈注12〉**【六波羅蜜経《ろっぱらみつきょう》の「（五種類の教えの中で）総持門《そうじもん》が第一である」】** 六波羅蜜経では、経《きょう》蔵《ぞう》・律蔵《りつぞう》・論蔵《ろんぞう》・慧蔵《えぞう》（般若波羅蜜《はんにゃはらみつ》）・陀羅尼蔵《だらにぞう》を挙げ、これを順に乳《にゅう》・酪《らく》・生蘇《しょうそ》・熟蘇《じゅくそ》・醍醐《だいご》の五味《ごみ》に配し、醍醐味の陀羅尼蔵（総持門）を第一としている。空海《くうかい》はこれによって顕《けん》教《きょう》（先の四蔵《しぞう》）は劣《おと》り、密教《みっきょう》（陀羅尼蔵）は優《すぐ》れるとし、顕密二教判《けんみつにきょうはん》を立てた。

〈注13〉**【大日経《だいにちきょう》の「覚《さと》りとはいかなることか（といえば、ありのままに自《みずか》らの心を知ることである）」】** 大日経巻一の入真言門住心品《にゅうしんごんもんじゅうしんぼん》第一の文。空海《くうかい》は、この如実《にょじつ》に自心《じしん》を知る菩提《ぼだい》を秘密《ひみつ》荘厳心《しょうごんしん》と名づけ、これを説く大日経を最第一とし、その下に極無自性《ごくむじしょう》を説く華厳経《けごんぎょう》、さらにその下に一道無為心《いちどうむいしん》を説く法華経を位置づけた。したがって法華経は「第三の劣《れつ》」となる。

〈注14〉**【華厳経《けごんぎょう》の「この経《きょう》を信じることは甚《はなは》だ難《むずか》しい」】** 華厳経（六十巻本）巻七の賢首菩《げんじゅぼ》薩品《さつほん》第八の二の文。声聞乗《しょうもんじょう》・縁覚乗《えんがくじょう》・大乗《だいじょう》（菩薩乗《ぼさつじょう》）の三乗を挙《あ》げて、華厳経がそれらよりも難信の法であるとの意。これは、蔵通《ぞうつう》二教の中の三乗法と相対し、それらを超越した中《ちゅう》道《どう》の法を説《と》く別教《べっきょう》としての華厳経の最勝《さいしょう》をいうもの。

〈注15〉【般若経《はんにゃきょう》の「あらゆるものを真理に合一《ごういつ》させて真理以外のものを見ない」】大般若波《だいはんにゃは》羅蜜多経《らみったきょう》巻三百二十六の初分不退転品《しょぶんふたいてんぼん》第四十九の二の文《もん》を略したもの。「般若波羅蜜多を以《もっ》て法性《ほっしょう》に会入《えにゅう》し、一事として法性を出《い》ずる者を見ず」とある。般若経こそが一切法《いっさいほう》を開会《かいえ》するとし、諸大乗《しょだいじょう》経典の中で最勝《さいしょう》であると説《と》く。

〈注16〉【竜樹《りゅうじゅ》】サンスクリット名のナーガールジュナの訳《やく》。新訳経典では竜猛《りゅうみょう》と訳される。一五〇年～二五〇年ごろのインドの仏教思想家。『中論《ちゅうろん》』などで、大乗《だいじょう》仏教の「空《くう》」の思想に基《もと》づいて実在論を批判《ひはん》し、以後の仏教思想・インド思想に大きな影響《えいきょう》を与《あた》えた。釈尊《しゃくそん》の正統な後継者とされる付法蔵《ふほうぞう》の第十三祖。八宗《はっしゅう》（倶舎《くしゃ》・成実《じょうじつ》・律《りつ》・法相《ほっそう》・三論《さんろん》・華厳《けごん》・真言《しんごん》・天台《てんだい》）の祖と称《しょう》される。

〈注17〉【『大智度論《だいちどろん》』】竜樹《りゅうじゅ》著とされ、鳩摩羅什《くまらじゅう》によって漢訳された。百巻。摩訶般若波羅《まかはんにゃはら》蜜経《みつきょう》（大品般若経《だいぼんはんにゃきょう》）に対する詳しい注釈書。法華経などの諸大乗経《しょだいじょうきょう》に基《もと》づいて、大乗の菩《ぼ》薩《さつ》思想や六波羅蜜行《ろくはらみつぎょう》などの意義を解明《かいめい》しており、後のあらゆる大乗思想の展開の母胎《ぼたい》となった。

〈注18〉【「般若経《はんにゃきょう》が第一である」】御真筆《ごしんぴつ》は「般若波羅蜜最第一」。ここは、次下《つぎしも》の記述を踏まえているので、「般若波羅蜜《はんにゃはらみつ》」（御書三三二ページ）は六波羅蜜《ろくはらみつ》の一つとしての般若波羅蜜ではなく、般若波羅蜜という経典のこと。ここでは一般的な言い方にしたがって「般若経」とする。

〈注19〉**【世親《せしん》】**四～五世紀ごろのインドの仏教思想家。サンスクリット名はヴァスバンドゥ。旧訳《くやく》で天親《てんじん》、新訳で世親という。無著《むじゃく》の弟。はじめ小乗教《しょうじょうきょう》を学び『倶舎論《くしゃろん》』を著《あらわ》した後、無著に導《みちび》かれて小乗教を捨《す》て、大乗教《だいじょうきょう》を学び、多くの大乗の論書をつくり千部《せんぶ》の論師《ろんじ》と讃《たた》えられる。唯識《ゆいしき》思想（実在するのは認識主体《にんしきしゅたい》の識《しき》だけであって、外界は心に立ち現《あらわ》れているだけで実在しないという思想）を発展させた。主著に『唯識三十論頌《ゆいしきさんじゅうろんじゅ》』がある。

〈注20〉**【『涅槃論《ねはんろん》』】**『大般涅槃経論《だいはつねはんぎょうろん》』一巻のこと。世親《せしん》著、北魏《ほくぎ》の達磨菩提《だるまぼだい》訳。中国独自の教判《きょうはん》思想がみられることから、中国撰述《せんじゅつ》ともされている。涅槃経巻三の長寿品《ちょうじゅほん》第四の迦葉《かしょう》菩薩所問《ぼさつしょもん》の偈《げ》（三十四問）を釈《しゃく》し、涅槃経全体の綱要《こうよう》を示している。

〈注21〉**【『涅槃論《ねはんろん》』の「（小乗《しょうじょう》の経《きょう》や般若経《はんにゃきょう》・法華経などは煩悩《ぼんのう》に汚《けが》されているが）今、涅槃経《ねはんぎょう》の真理（は煩悩に汚されていない）」】**『涅槃論』の文《もん》を略したもので、「小乗から般若経、法華経に至るまで、その所説の理は煩悩に汚される。今、涅槃の理は、流動、得失《とくしつ》、起滅がなく、それゆえに煩悩に汚されない」という趣旨。しかし、これも教判《きょうはん》ではなく、涅槃経の所説の理の特徴を、一面において示しているにすぎない。煩悩に汚されないと言っているのは、理念的にはっきりしていて迷《まよ》いようがないことを示している。

〈注22〉**【梵天《ぼんてん》・帝釈天《たいしゃくてん》・四天王《してんのう》ら】**いずれも古代インドの世界観における神で、仏教では仏法を守護《しゅご》する諸天善神《しょてんぜんじん》とされた。

梵天《ぼんてん》（ブラフマー）は、世界を創造し宇宙《うちゅう》を支配《しはい》するとされる中心的な神で、種々《しゅじゅ》の梵天がいるが、その中の王たちを大梵天王《だいぼんてんのう》という。

帝釈天《たいしゃくてん》は、雷神《らいじん》で天帝《てんてい》とされるインドラのこと。シャクラとも呼ばれる。「帝釈天」とは「天帝である釈《しゃく》（シャクラ）という神」の意。

四天王《してんのう》は、一つの世界の中央にある須弥山《しゅみせん》の四面の中腹《ちゅうふく》にある四王天《しおうてん》の主とされる神々。持国《じこく》天王・増長《ぞうじょう》天王・広目《こうもく》天王・毘沙門《びしゃもん》天王（多聞《たもん》天王）の四王。


〈注23〉【勝鬘経《しょうまんぎょう》】中国・南北朝《なんぼくちょう》時代の宋《そう》の求那跋陀羅《ぐなばっだら》訳《やく》。一巻。勝鬘夫人《ふじん》が一乗真実《いちじょうしんじつ》・如《にょ》来蔵法身《らいぞうほっしん》の義を説《と》き、仏がそれを承認《しょうにん》している。異訳《いやく》に北涼《ほくりょう》の曇無讖《どんむしん》訳、唐《とう》の菩提流志《ぼだいるし》訳がある。


〈注24〉【大乗《だいじょう》・小乗《しょうじょう》】乗は「乗り物」の意で、覚《さと》りに至《いた》らせる仏の智慧《ちえ》の教えを、衆生《しゅじょう》を乗せる乗り物に譬《たと》えたもの。その教えの中で、劣《おと》ったものを小乗、優《すぐ》れたものを大乗と区別する。

大乗《だいじょう》とはサンスクリットのマハーヤーナの訳《やく》で「摩訶衍《まかえん》」などと音写し、「大きな優《すぐ》れた乗り物」を意味する。大乗仏教は、紀元前後から釈尊《しゃくそん》の真意を探究し既存《きそん》の教説を再解釈《さいかいしゃく》するなどして制作された大乗経典に基《もと》づき、利他《りた》の菩薩道《ぼさつどう》を実践し成仏《じょうぶつ》を目指す。既存の教説を劣《おと》ったものとして「小乗《しょうじょう》」と下すのに対し、自らを「大乗」と誇《ほこ》った。また、一切《いっさい》のものには固定的な本質がないとする「空《くう》」の立場をとる。中国・日本など東アジアでは、大乗の教えがもっぱら流布《るふ》した。近年の研究ではその定義や成立起源の見直しが図られ、既存の部派《ぶは》仏教の教団内から発生したとする説《せつ》が有力である。
小乗《しょうじょう》とは、サンスクリットのヒーナヤーナの訳《やく》で、もともとは「劣《おと》った乗り物」を意味する。大乗《だいじょう》仏教の立場から部派《ぶは》仏教（特《とく》に説一切有部《せついっさいうぶ》）を批判《ひはん》していう言葉で、自ら覚《さと》りを得ることだけに専念《せんねん》する声聞《しょうもん》・縁覚《えんがく》の二乗《にじょう》を批判してこのように呼ばれた。部派仏教は、釈尊《しゃくそん》が亡《な》くなった後に分派《ぶんぱ》したさまざまな教団（部派）が伝えた仏教で、涅槃《ねはん》（二度と輪廻《りんね》しない境地）の獲得《かくとく》を目標とする。説一切有部は、特《とく》に北インドで最も有力な部派で、「法《ほう》」（認識《にんしき》を構成する要素《ようそ》）を実在とする体系的な教学を構築《こうちく》した。

〈注25〉【権教《ごんきょう》・実教《じっきょう》】権教とは、仏が衆生《しゅじょう》を実教《じっきょう》に導《みちび》き入《い》れるため、衆生の受容《じゅよう》能力に応《おう》じて説《と》いた権《かり》の教え。「権《ごん》」は「一時的《いちじてき》・便宜《べんぎ》的なもの」の意。
実教《じっきょう》とは、仏が自らの覚《さと》りのままに説《と》いた真実の教え。天台宗《てんだいしゅう》の教判《きょうはん》では、法華経のみを実教と位置づける。

〈注26〉【顕教《けんぎょう》・密教《みっきょう》】インドの伝統的な民間信仰を取り入れ呪術《じゅじゅつ》や秘密の儀礼を実践の中核《ちゅうかく》にすえて七世紀ごろに成立した仏教は密教と呼ばれる。これに対し、それ以前の通常の仏教は顕教と呼ばれる。

〈注27〉【多宝如来《たほうにょらい》】法華経見宝塔品《けんほうとうほん》第十一で出現し、釈尊《しゃくそん》の説《と》いた法華経が真実であることを保証《ほしょう》した仏。過去世《かこせ》において、成仏《じょうぶつ》して滅度《めつど》した後、法華経が説《と》かれる場所には、自らの全身を安置《あんち》した宝塔が出現することを誓願《せいがん》した。釈尊が宝塔を開くと、多宝如来が座《ざ》しており、以後、嘱累品第二十二《ぞくるいほん》まで、釈尊は宝塔の中で多宝如来と並《なら》んで座《すわ》って、法華経の会座《えざ》を主宰《しゅさい》する。

〈注28〉【十方《じっぽう》の世界の分身《ふんじん》の仏たち】 中心となる仏（本仏《ほんぶつ》）が衆生《しゅじょう》を教化《きょうけ》するため、身を十方の世界に分《わ》かち現《あらわ》した仏のこと。法華経如来神力品《にょらいじんりきほん》第二十一では、この分身の仏たちもまた、釈尊《しゃくそん》に続いて広長舌相《こうちょうぜっそう》を現したことが説《と》かれている。広長舌は、仏の言説《げんせつ》が真実であることの保証《ほしょう》とされる。

〈注29〉【二乗《にじょう》】 二乗は、六道輪廻《ろくどうりんね》から解脱《げだつ》して涅槃《ねはん》に至《いた》ることを目指す声聞乗《しょうもんじょう》と縁覚乗《えんがくじょう》のこと。声聞は、サンスクリットのシュラーヴァカの訳《やく》で、「声を聞く者」の意。仏の教えを聞いて覚《さと》りを開く出家《しゅっけ》の弟子をいう。縁覚は、サンスクリットのプラティエーカブッダの訳《やく》で、辟支仏《ひゃくしぶつ》と音写する。独覚《どっかく》とも訳す。声聞の教団に属《ぞく》することなく修行し、涅槃の境地を得る者をいう。「乗」は乗り物の意で、成仏《じょうぶつ》へと導《みちび》く教えを譬《たと》えたもの。もとは声聞・縁覚それぞれに対応《たいおう》した教えが二乗であるが、この教えを受ける者（声聞・縁覚）についても二乗といい、ここでは後者の意。

〈注30〉【文殊菩薩《もんじゅぼさつ》】 文殊は文殊師利《もんじゅしり》の略《りゃく》で、サンスクリットのマンジュシュリーの音写。直訳《ちょくやく》すると、「うるわしい輝《かがや》きをもつ者」。仏の智慧《ちえ》を象徴する菩薩で、仏像などでは獅子《しし》に乗った姿《すがた》で釈尊《しゃくそん》の向かって左に配される。法華経では、弥勒《みろく》菩薩・薬王《やくおう》菩薩とともに、菩薩の代表として登場する。

〈注31〉【解脱月菩薩《げだつがつぼさつ》】華厳経《けごんぎょう》の第六会《だいろくえ》・他化自在天宮《たけじざいてんぐう》の会座《えざ》に、金剛蔵《こんごうぞう》菩薩を上首《じょうしゅ》として来集《らいしゅう》した諸菩薩の一人。

〈注32〉【金剛薩埵《こんごうさった》】密教《みっきょう》を相承《そうじょう》した八人の祖師のうちの第二祖とされ、大日如来《だいにちにょらい》から直接教えを受けたとされる。

〈注33〉【千世界の微粒子《びりゅうし》の数ほど多くの地涌《じゆ》の菩薩《ぼさつ》たち・上行《じょうぎょう》菩薩たち】地涌の菩薩とは、法華経従地涌出品《じゅうじゆじゅっぽん》第十五において、釈尊《しゃくそん》の呼《よ》び掛《か》けに応《こた》えて、娑婆《しゃば》世界の大地を破《やぶ》って下方の虚空《こくう》から涌《わ》き出《で》てきた無数の菩薩たちのこと。上行・無辺行《むへんぎょう》・安立行《あんりゅうぎょう》・浄行《じょうぎょう》の四菩薩《しぼさつ》を代表とし、それぞれが無数の眷属《けんぞく》をもつ。如来神力品《にょらいじんりきほん》第二十一で釈尊から、滅後《めつご》の法華経の弘通《ぐつう》を、その主体者として託《たく》された。この地涌の菩薩は、久遠実成《くおんじつじょう》の釈尊（本仏《ほんぶつ》）から久遠の昔《むかし》に教化《きょうけ》されたので、本化《ほんげ》の菩薩という。これに対して、文殊《もんじゅ》・弥勒《みろく》などは、迹《しゃく》仏《ぶつ》（始成正覚《しじょうしょうがく》の釈尊など）あるいは他方《たほう》の世界の仏から教化された菩薩なので、迹化《しゃっけ》・他方《たほう》の菩薩という。

「千世界の微粒子《びりゅうし》の数ほど多くの地涌《じゆ》の菩薩《ぼさつ》たち」は、御書本文では「地涌千界」（三三二㌻）。法華経如来神力品《にょらいじんりきほん》第二十一には、地涌の菩薩のことを「千世界微塵《みじん》等の菩薩摩訶薩《まかさつ》の地従《じょ》り涌出《ゆじゅつ》せる者」（法華経五六七㌻）と記されている。なお「千世界」とは、須弥山《しゅみせん》を中心とした太陽・月、地上・天上などを含《ふく》む一世界が、一千集まったもの。

# 第4段　三五《さんご》の二法《にほう》を示す

（御書三三二ページ十行目〜十一行目）

いま、法華経と他の経典を対比《たいひ》すると、法華経には、釈尊《しゃくそん》が説《と》いたすべての経典の中でどの経典よりも優《すぐ》れている点が二十ある〈注1〉。その中で最も重要なことが二つある。すなわち、三と五という二つのことである〈注2〉。

## ◇注　解◇

〈注1〉**【釈尊《しゃくそん》が説《と》いたすべての経典の中でどの経典よりも優《すぐ》れている点が二十ある】** 妙楽《みょうらく》大師湛然《だいしたんねん》の『法華文句記《ほっけもんぐき》』巻四下に明かされた十双歎《じっそうたん》にもとづいた仰《おお》せ。十双歎とは、法華経が諸経に対し優れていることを示す法門として、法華経の特色となる法理を、類似《るいじ》の二つずつで一対《つい》とし、十対・二十句を並べ挙げたもの。その第十番目の対が三五《さんご》の二法《にほう》である。

〈注2〉**【三と五という二つのことである】**「三」とは三千塵点劫《さんぜんじんてんごう》のことで、次の第5段で詳《しょう》説《せつ》される。「五」とは五百塵点劫《ごひゃくじんてんごう》のことで、こちらは第6段で論じられる。

# 第5段　教主《きょうしゅ》の因位《いんい》に基《もと》づいて勝劣《しょうれつ》を判定《はんてい》する

（御書三三二ジペー十一行目～三三三ジペー二行目）

三とは三千塵点劫《さんぜんじんてんごう》〈注1〉である。法華経以外の経典では、釈尊《しゃくそん》が修行した期間について、三阿僧祇劫《さんあそうぎこう》〈注2〉であるとか、塵劫《じんごう》を超《こ》えるほど〈注3〉であるとか、無量劫《むりょうこう》〈注4〉であるなどと明かしている〈注5〉。

次のような話がある。大梵天王《だいぼんてんのう》は「自分がこの娑婆《しゃば》世界〈注6〉を領有《りょうゆう》する主《あるじ》となって二十九劫《こう》である」と言った〈注7〉。第六天《だいろくてん》の魔王《まおう》〈注8〉も帝釈天《たいしゃくてん》も四天王《してんのう》らもまた同様であった。釈尊《しゃくそん》と大梵天王らとは、どちらの方が先に娑婆世界を領有《りょうゆう》したのかを言い争《あらそ》った〈注9〉。

しかしながら、釈尊《しゃくそん》は一本の指を立てて（大地を指し、大地の神の証言によって）大梵天王《だいぼんてんのう》らを屈服《くっぷく》させた。それ以後、大梵天王は釈尊に頭を下げて礼拝《らいはい》し、第《だい》六天《ろくてん》の魔王《まおう》は合掌《がっしょう》して、全世界の衆生《しゅじょう》を釈尊に帰依《きえ》させたのであった〈注10〉。

また、その他の仏が修行した期間と、釈尊《しゃくそん》が修行した期間とを調べて明確にすると、他の仏が修行した期間は三阿僧祇劫《さんあそうぎこう》とか五劫《ごこう》などである。釈尊の修行中《ちゅう》の境地（因位《いんい》）は、既《すで》に三千塵点劫《さんぜんじんてんごう》の過去より、娑婆《しゃば》世界のすべての衆生《しゅじょう》と縁《えん》を結んできた偉大な修行者なのである。この娑婆世界の六道《ろくどう》〈注11〉の衆生のうち、他の世界の他の菩薩《ぼさつ》に縁がある者は一人もいない。

法華経には「大通智勝仏《だいつうちしょうぶつ》〈注12〉の十六人の王子から（法華経の）教えを聞い（て下種《げしゅ》され）た者は、それぞれが教えを受けた王子が仏となって教えを説《と》いている世界にいる」（化城喩品《けじょうゆほん》）とある。

天台大師《てんだいだいし》（智顗《ちぎ》）〈注13〉は「西方《さいほう》の極楽《ごくらく》世界〈注14〉は、娑婆《しゃば》世界とは仏も違《ちが》うし、縁《えん》のある衆生《しゅじょう》も異《こと》なる。故に、（極楽世界の阿弥陀仏《あみだぶつ》〈注15〉と娑婆世界の者との間では、長者窮子《ちょうじゃぐうじ》の譬喩《ひゆ》〈注16〉での）父子《ふし》の関係にはならない」（『法華文句《ほっけもんぐ》』〈注17〉）と言っている。

妙楽大師《みょうらくだいし》（湛然《たんねん》）〈注18〉は「阿弥陀仏《あみだぶつ》と釈尊《しゃくそん》とは、まったく別の仏である。（中略）まして、前世《ぜんせ》に誰《だれ》から下種《げしゅ》されて縁《えん》を結んできたかも違《ちが》うし、そうした者を教え導《みちび》いた仕方も違う。縁を結ぶのは親が子を生むようなもので、それを成熟《じゅく》させることは親が子を育てるようなものである。（長者《ちょうじゃ》を阿弥陀仏と解釈《かいしゃく》すれば）生む者と育てる者が異《こと》なることになり、父子の関係にならない」（『法華文句記《ほっけもんぐき》』〈注19〉）と言っている。今の時代の日本のすべての者は、阿弥陀仏が臨終《りんじゅう》の時に迎《むか》えに来る〈注20〉のを期待しているが、譬《たと》えてみれば、牛の子が馬の乳《ちち》を飲んだり、土器《どき》の鏡《かがみ》に天空の月を映《うつ》そうとするようなものである。

## ◇注　解◇

この段では、法華経の釈尊《しゃくそん》と諸経の諸仏の因位《いんい》（成仏の因である菩薩行《ぼさつぎょう》を修行する位《くらい》）を比較し、法華経の釈尊の方が諸仏よりも因位の面で優《すぐ》れていることを明かされている。

比較にあたっては、娑婆《しゃば》世界の衆生《しゅじょう》に対して、どれぐらい長期間にわたって教化《きょうけ》したかという点、そして種熟脱《しゅじゅくだつ》にわたる化導《けどう》の最初である下種益《げしゅやく》から関与していたかという点から検討《けんとう》される。

〈注1〉**【三千塵点劫《さんぜんじんてんごう》】**大通智勝仏《だいつうちしょうぶつ》の滅後《めつご》から釈尊在世《しゃくそんざいせ》に至《いた》るまでの時が長遠《ちょうおん》であることを表す語。法華経化城喩品《けじょうゆほん》第七において、釈尊が衆生《しゅじょう》との結縁《けちえん》を明かすなかで述べられている。「劫《こう》」とはサンスクリットのカルパの音写で、極めて長大な時間を示す単位。

三千塵点劫《さんぜんじんてんごう》とは、三千大千世界《さんぜんだいせんせかい》（一人の仏の教えが及《およ》ぶ範囲《はんい》とされる）の国土を粉々《こなごな》にすりつぶして塵《ちり》とし、千の国土を過《す》ぎるごとにその一塵《いちじん》を落としていって塵を下ろし尽《つ》くし、今度は一塵を下ろした国土も下ろさない国土も一緒《いっしょ》にしてまた粉々にすりつぶして、その一塵を一劫《いっこう》とし、その膨大《ぼうだい》な数えきれない劫以上の無量無辺《むりょうむへん》の長い時間をいう（法華経二七三ページ）。

〈注2〉**【三阿僧祇劫《さんあそうぎこう》】**蔵教《ぞうきょう》（小乗教《しょうじょうきょう》）で、菩薩《ぼさつ》が修行を始めて成仏《じょうぶつ》するまでの期間。「阿僧祇」とはサンスクリットのアサンキヤの音写で、極大《きょくだい》で数えることのできない数をいう。

〈注3〉【塵劫《じんごう》を超《こ》えるほど】御書本文は「動逾塵劫《どうゆじんごう》」（三三二㌻）。通教《つうぎょう》の菩薩《ぼさつ》が修行を完成させるまでに経《へ》る期間。「動《やや》もすれば塵劫を逾《こ》ゆ」と読む。「塵劫」とは塵点劫《じんてんごう》の略《りゃく》で、数え切れない微塵《みじん》のように多くの期間。この塵劫をややもすれば越《こ》えるほどの長い期間を動逾塵劫という。

〈注4〉【無量劫《むりょうこう》】「無量」は量《はか》ることができない、無限《むげん》の意。ここでは別教《べっきょう》の菩薩《ぼさつ》が修行を完成させるまでに経《へ》る極《きわ》めて長い期間。

〈注5〉【法華経以外の経典では……明かしている】以上に挙《あ》げられた三阿僧祇劫《さんあそうぎこう》、動逾塵《どうゆじん》劫《ごう》、無量劫《むりょうこう》は、それぞれ蔵教《ぞうきょう》、通教《つうぎょう》、別教《べっきょう》という爾前経《にぜんきょう》で説《と》かれる菩薩《ぼさつ》の修行の期間をさす。これらは「小乗小仏要文《しょうじょうしょうぶつようもん》」（御書五九八㌻）で図示されている。

これに対し法華経では、釈尊《しゃくそん》が、三千塵点劫《さんぜんじんてんごう》の過去世《かこせ》において大通智勝仏《だいつうちしょうぶつ》から十六王子の一人として法華経を聞き、その法華経を衆生に説《と》いて下種《げしゅ》してきたことが明かされる。そして、このような長期にわたる過去の修行をへて、今世の釈尊として生まれた。

よって、ここでは、上記の爾前経《にぜんきょう》（前三教《ぜんさんぎょう》）に説《と》かれる釈尊《しゃくそん》よりも、法華経（円教《えんぎょう》）の釈尊の方が、三千塵点劫《さんぜんじんてんごう》というはるかに過去から娑婆《しゃば》世界の衆生と縁《えん》があることを述べられている。

とはいえ、以上は、法華経迹門《しゃくもん》の始成正覚《しじょうしょうがく》の立場から論じられている。なお、蔵通別円《ぞうつうべつえん》の四教《しきょう》については、第11段〈注9〉を参照。

〈注6〉**【娑婆《しゃば》世界】** 娑婆はサンスクリットのサハーの音写で「堪忍《かんにん》」などと訳《やく》される。迷《まよ》いと苦難《くなん》に満《み》ちていて、それを堪《た》え忍《しの》ばなければならない世界、すなわちわれわれが住むこの現実世界のこと。

〈注7〉**【大梵天王《だいぼんてんのう》は「自分がこの娑婆《しゃば》世界を領有《りょうゆう》する主《あるじ》となって二十九劫《こう》である」と言った】** 大梵天王の言葉として「此《こ》の土《ど》には二十九劫《こう》より已来《このかた》知行《ちぎょう》の主《あるじ》なり」（御書三三二㌻）とあるが、この「二十九劫」とは、世界の成立時から釈尊《しゃくそん》の出世時までの劫数と考えられる。なぜなら、仏教では成劫《じょうこう》・住劫《じゅうこう》・壊劫《えこう》・空劫《くうこう》の四劫《しこう》をもって世界の生成・消滅《しょうめつ》の周期とし、この四劫の長さはそれぞれ二十小劫《しょうこう》ずつとされているが、そのなかで、釈尊が出現しているのは、住劫の第九の減《げん》・人寿百歳の時であるとされているからである。つまり「二十九劫」とは、世界が形成された成劫二十小劫を経《へ》て、住劫の第九の小劫までの期間（合計二十九小劫）にあたる。したがって、右の大梵天王の言葉は、世界成立時以来、一貫して三界《さんがい》を支配してきたのは、自分をはじめとする天界《てんかい》の諸王であると主張したものである。

〈注8〉**【第六天《だいろくてん》の魔王《まおう》】** 欲界《よっかい》の第六天にいる他化自在天《たけじざいてん》のこと。欲界は、輪廻《りんね》する衆生《しゅじょう》が生存する領域《りょういき》を欲界・色界《しきかい》・無色界《むしきかい》の三界《さんがい》に分けるうちの、一番低《ひく》い段階《だんかい》。欲界には地上と天上の両方が含《ふく》まれるが、天上は六段階《だんかい》に分かれ、第六天が他化自在天と呼ばれる。また、この第六天に住む神のことも他化自在天と呼ぶ。「他化自在」は、「他の者が作り出したものを自由に支配《しはい》する者」の意。釈尊《しゃくそん》が覚《さと》りを開くのを妨害《ぼうがい》したといわれ、三障四魔《さんしょうしま》の中の天子魔《てんしま》とされる。

〈注9〉【釈尊《しゃくそん》と大梵天王《だいぼんてんのう》らとは、どちらの方が先に娑婆《しゃば》世界を領有《りょうゆう》したのかを言い争《あらそ》った】「娑婆世界の領有の先後」を争うということは、釈尊と大梵天王らとのどちらが、真の娑婆世界の主かという点について争ったことを意味している。

本抄の御文においては、大梵天王《だいぼんてんのう》をはじめとする天界《てんかい》の諸王が降伏《こうふく》させられたと述べられている。この点については、あるいは、大梵天王と知行《ちぎょう》の古さを争ったという経があったのかもしれない。

〈注10〉【釈尊《しゃくそん》は一本の指を立てて……帰依《きえ》させたのであった】「一本の指を立てて」とは、『摩訶止観《まかしかん》』巻一上に「大覚世尊《だいかくせそん》、功《く》を積みて行満《ぎょうまん》じたまい、六年に渉《わた》って以《もっ》て見《けん》を伏《ぶく》し、一指《いっし》を挙げて魔を降《くだ》したまう」とあるように、釈尊が成道《じょうどう》の際に魔を降した時の振る舞いであり、第六天《だいろくてん》の魔王が天界の王たりえた福徳よりも、釈尊の修行と果報の方が優《すぐ》れていることを証明するために、大地を指差して地神《ちじん》を呼び出したときの釈尊の動作である。

〈注11〉【六道《ろくどう》】十界《じっかい》の境涯《きょうがい》のうち、地獄《じごく》・餓鬼《がき》・畜生《ちくしょう》・修羅《しゅら》・人《にん》・天《てん》の六つのこと。仏教の修行を行わない凡夫《ぼんぶ》は、この迷《まよ》いに満《み》ちた六道で生死《しょうじ》を繰《く》り返《かえ》すとされ、これを六道輪《ろくどうりん》廻《ね》という。

〈注12〉【大通智勝仏《だいつうちしょうぶつ》】法華経化城喩品《けじょうゆほん》第七に説《と》かれる、三千塵点劫《さんぜんじんてんごう》という昔《むかし》に出現した仏。十六人の王子の願《ねが》いによって法華経を説いたが、十六王子と少数の声聞《しょうもん》以外は疑《うたが》いを起こして信《しん》じなかった。その後、十六王子が、それぞれ父が説いた法華経を繰《く》り返《かえ》し説き、仏となる種《たね》を下《お》ろし（下種《げしゅ》）、大衆《だいしゅ》たちとの縁《えん》を結《むす》んだ（これを大通覆講《ふっこう》という）。この時の十六番目の王子が釈尊《しゃくそん》で、その時、釈尊の説法《せっぽう》を聞き、下種を受けた衆生《しゅじょう》がその後、第十六王子とともに諸仏《しょぶつ》の国土に生まれあわせ、今インドで成道《じょうどう》した釈尊に巡《めぐ》りあったと説かれる。この大通覆講の時に受けた下種を大通下種という。

〈注13〉【天台大師《てんだいだいし》（智顗《ちぎ》）】五三八年～五九七年。中国の梁《りょう》・陳《ちん》・隋《ずい》の僧《そう》で、中国天台宗の事実上の開祖。智者《ちしゃ》大師と讃《たた》えられる。『法華文句《ほっけもんぐ》』『法華玄義《ほっけげんぎ》』『摩訶止観《まかしかん》』を講述《こうじゅつ》して、法華経を宣揚《せんよう》するとともに、観心《かんじん》の修行である一念三千《いちねんさんぜん》の法門を説《と》いた。

〈注14〉【極楽世界《ごくらく》】極楽はサンスクリットのスカーヴァティーの訳《やく》。漢訳によって「安養《あんよう》」「安楽《あんらく》」という訳語もある。阿弥陀仏《あみだぶつ》がいる浄土《じょうど》で、西方《さいほう》のはるか彼方《かなた》にあるとされる。浄土教では、念仏《ねんぶつ》を唱《とな》えれば死後に極楽世界に生まれることができるとする。

〈注15〉【阿弥陀仏《あみだぶつ》】浄土《じょうど》経典に説《と》かれ、西方《さいほう》の極楽《ごくらく》世界にいるとされる仏。「阿弥陀」はサンスクリットのアミターユスまたはアミターバの音写で、アミターユスは「無量寿《むりょうじゅ》」、アミターバは「無量光《むりょうこう》」と訳《やく》される。無量寿経《むりょうじゅきょう》によれば、阿弥陀仏の修行時代の名を法蔵菩薩《ほうぞうぼさつ》といい、長期の修行の果《は》てに四十八の衆生救済《しゅじょうきゅうさい》の誓願《せいがん》を成就《じょうじゅ》し、仏に成《な》ったという。そして、臨終《りんじゅう》に際《さい》して阿弥陀仏の名を称《とな》える者のところへ阿弥陀仏が来迎《らいごう》し、極楽浄土に導《みちび》き入《い》れるという。

〈注16〉【長者窮子《ちょうじゃぐうじ》の譬喩《ひゆ》】法華経に説《と》かれる七譬《しちひ》の一つ。法華経信解品《しんげほん》第四に説かれる（法華経二一〇ページ以下）。幼《おさな》くして家出した息子を見つけた長者である父が、息子を後継者《こうけいしゃ》へと立派《りっぱ》に育てあげる話。この譬《たと》えの意味は、仏は種々の方便《ほうべん》をもって凡夫《ぼんぷ》を導《みちび》き、成仏《じょうぶつ》という境地を会得《えとく》させることを示している。

〈注17〉【『法華文句《ほっけもんぐ》』】天台大師《てんだいだいし》の講義を章安大師灌頂《しょうあんだいしかんじょう》が編集整理した法華経の注釈書。十巻。法華経の文々句々《もんもんくく》の意義を、因縁《いんねん》・約教《やっきょう》・本迹《ほんじゃく》・観心《かんじん》の四つの解釈法《かいしゃくほう》によって明らかにしている。

〈注18〉【妙楽大師《みょうらくだいし》（湛然《たんねん》）】七一一年～七八二年。中国・唐《とう》の僧《そう》。中国天台宗《てんだいしゅう》の中興《ちゅうこう》の祖。天台大師《てんだいだいし》の著作に対する注釈書『法華玄義釈籤《ほっけげんぎしゃくせん》』『法華文句記《ほっけもんぐき》』『止観輔行伝弘決《しかんぶぎょうでんぐけつ》』などを著《あらわ》した。晋陵郡荊渓《しんりょうぐんけいけい》（現在の江蘇省宜興市《こうそしょうぎこう》）の出身で荊渓とも呼ばれ、妙楽寺《みょうらくじ》に居住したとされるので、後世、妙楽大師と呼ばれた。

〈注19〉【『法華文句記《ほっけもんぐき》』】妙楽大師《みょうらくだいし》による『法華文句《ほっけもんぐ》』の注釈書。十巻。

〈注20〉【阿弥陀仏《あみだぶつ》が臨終《りんじゅう》の時に迎《むか》えに来る】無量寿経《むりょうじゅきょう》に説《と》かれる阿弥陀仏の四十八本誓願《しじゅうはちほんせいがん》のうち第十九願においては、臨終に際して阿弥陀仏の名を称《とな》える者のところへ阿弥陀仏が来迎《らいごう》し、浄土《じょうど》に導《みちび》き入《い》れるという来迎引接願《らいごういんじょうがん》が説かれている。

# 第6段　教主《きょうしゅ》の果位《かい》に基《もと》づいて勝劣《しょうれつ》を判定《はんてい》する

（御書三三三ジペー二行目〜十五行目）

また、覚《さと》りを開いた仏としての境地〔果位《かい》〕から言えば、釈尊《しゃくそん》以外の仏は、成仏《じょうぶつ》してから十劫《じっこう》や百劫《ひゃっこう》・千劫《せんごう》が過ぎた仏である。娑婆《しゃば》世界で教えを説《と》いた釈尊は、修行を完成して覚りを開いてから、既《すで》に五百塵点劫《ごひゃくじんてんごう》〈注1〉という長遠《ちょうおん》な期間が過ぎた仏である。大日如来《だいにちにょらい》〈注2〉・阿弥陀仏《あみだぶつ》・薬師《やくし》如来〈注3〉などの十《じっ》方《ぽう》の世界のすべての仏たちは、われわれの根本の師匠《ししょう》であり娑婆世界で教えを説いた釈尊の従者《じゅうしゃ》である。天空の月があらゆる水面にその姿を浮《う》かべるというのは、このことである。

華厳経《けごんぎょう》に説《と》かれる十方《じっぽう》の世界の蓮華《れんげ》の上の毘盧遮那仏《びるしゃなぶつ》〈注4〉と、大日経《だいにちきょう》に説かれる胎蔵曼荼羅《たいぞうまんだら》〈注5〉の大日如来《だいにちにょらい》と金剛頂経《こんごうちょうきょう》に説かれる金剛界曼荼羅《こんごうかいまんだら》〈注6〉の大日如来は、法華経見宝塔品《けんほうとうほん》に説かれる多宝《たほう》如来の左右にひかえる仏である〈注7〉。例を挙《あ》げれば、俗世間《ぞくせけん》の王の左大臣《さだいじん》・右大臣《うだいじん》と同じである。この多宝《たほう》仏《ぶつ》もまた、寿量品《じゅりょうほん》を説いた釈尊《しゃくそん》の従者《じゅうしゃ》なのである。

この娑婆《しゃば》世界の衆生《しゅじょう》である私たちは、娑婆世界で教えを説《と》いた釈尊《しゃくそん》にとって、五百塵点劫《ごひゃくじんてんごう》の昔から、いとしい子どもである。親不孝という過《あやま》ちを犯《おか》したため、今は自覚していないけれども、釈尊と私たちとの関係は、他の世界の衆生とはまるで違《ちが》うのである。縁《えん》のある仏と、縁を結んだ衆生との関係は、譬《たと》えていえば天空の月が澄《す》んだ水に映《うつ》るようなものである。縁のない仏と衆生との関係は、譬えていえば耳の聞こえない者が雷《かみなり》の音を聞こうとしたり、目の見えない者が太陽や月に向かうようなものである。

しかし、ある宗派の学者は釈尊《しゃくそん》を見下《みくだ》して大日如来《だいにちにょらい》を崇拝《すうはい》している。ある宗派の学者は、「釈尊とは縁《えん》がなく、阿弥陀仏《あみだぶつ》と縁がある」と言っている。ある宗派の学者は、「小乗《しょうじょう》の釈尊〈注8〉が根本である」と言ったり、「華厳経《けごんぎょう》の釈尊が根本である」と言ったり、「法華経の迹門《しゃくもん》の釈尊が根本である」と言ったりしている。

こうした学者らやその信者らが、釈尊《しゃくそん》を忘れて、他の仏たちを選び取るのは、例を挙《あ》げれば、太子である阿闍世王子《あじゃせおうじ》〈注9〉が父である頻婆沙羅王《びんばしゃらおう》を殺し、釈尊に背《そむ》いて提婆達多《だいばだった》〈注10〉に従《したが》ったのと同じである。

二月十五日は釈尊《しゃくそん》がお亡《な》くなりになった日〈注11〉であり、十二月十五日にいたるまでの毎月の十五日も、全世界の衆生《しゅじょう》にとっての父上である釈尊の命日である。人々は、善導《ぜんどう》・法然《ほうねん》・永観《ようかん》〈注12〉らといった提婆達多《だいばだった》にだまされて、この日を「阿弥陀仏《あみだぶつ》の日」と定めてしまった。また、四月八日は釈尊がお生まれになった日である〈注13〉。これを「薬師如来《やくしにょらい》の日」としてしまった。自分の父上である釈尊の命日を他の仏と取り換える者が、親孝行の者といえるだろうか。どうだろうか。

寿量品《じゅりょうほん》に「私（釈尊《しゃくそん》）もまたこの娑婆《しゃば》世界の父であり」「正気《しょうき》を失《うしな》った子どもを治すために」とある。

天台大師《てんだいだいし》は「法身《ほっしん》の菩薩《ぼさつ》〈注14〉たちは、もともとこの娑婆《しゃば》世界の仏によって覚《さと》りを求める心を起こした。同様にこの仏によって不退地《ふたいじ》〈注15〉を得たのである。〈中略〉ちょうどすべての川が海に流れ込むようなものである。釈尊《しゃくそん》との縁《えん》に引かれて法身の菩薩の応身《おうじん》〈注16〉が生じるのも、これと同様である」（『法《ほっ》華玄義《けげんぎ》』〈注17〉）と言っている。

## ◇注　解◇

この段では、仏の果位《かい》の面から釈尊《しゃくそん》と諸仏の関係を明かし、法華経如来寿量品《にょらいじゅりょうほん》第十六で五百塵点劫《ごひゃくじんてんごう》の本地《ほんじ》を顕《あらわ》した教主《きょうしゅ》釈尊（久遠実成《くおんじつじょう》の釈尊）こそが根本の仏であり、娑婆《しゃば》世界の一切衆生《いっさいしゅじょう》に有縁《うえん》の仏であることを示されている。これに対し、諸経の諸仏は、この根本の仏が衆生を教化《きょうけ》するために方便《ほうべん》として示し現《あらわ》した垂迹《すいじゃく》であることが明かされている。また、教主釈尊を下して他仏を本尊とする諸宗の誤《あやま》った本尊観《ほんぞんかん》を打ち破られている。

〈注1〉**【五百塵点劫《ごひゃくじんてんごう》】**「五百千万億那由他阿僧祇《ごひゃくせんまんのくなゆたあそうぎ》」の「五百」を取って五百塵点劫という。法華経如来寿量品《にょらいじゅりょうほん》第十六では、釈尊《しゃくそん》の成道《じょうどう》は五百塵点劫という長遠《ちょうおん》な過去《かこ》（久遠《くおん》）であり、それ以来、衆生《しゅじょう》を説法教化《せっぽうきょうけ》してきたことが明かされた。

五百塵点劫《ごひゃくじんてんごう》は、法華経で以下のように説明される（法華経四七八ページ）。すなわち、五百千《ごひゃくせん》万億那由他阿僧祇《まんのくなゆたあそうぎ》（人間の思議《しぎ》できない無限《むげん》の数）の三千大千世界《さんぜんだいせんせかい》の国土を粉々《こなごな》にすりつぶして微塵《みじん》とし、東方《とうほう》に進み五百千万億那由他阿僧祇の国を過《す》ぎて一塵《じん》を落とし、以下同様にしてすべて微塵を下ろし尽《つ》くして、今度は下ろした国土も下ろさない国土もことごとく合わせて微塵にし、その一塵を一劫《こう》とする、またそれに過《す》ぎた長遠《ちょうおん》な時である。

〈注2〉**【大日如来《だいにちにょらい》】**大日は、サンスクリットのマハーヴァイローチャナの訳《やく》。音写では摩《ま》訶毘盧遮那《かびるしゃな》という。大日経《だいにちきょう》・金剛頂経《こんごうちょうきょう》などの密教《みっきょう》経典に説《と》かれる密厳浄土《みつごんじょうど》の仏。

〈注3〉**【薬師如来《やくしにょらい》】**東方の浄瑠璃《じょうるり》世界に住む仏。病苦を取り除《のぞ》くなどの現世利益《げんぜりやく》を願《ねが》う信仰が隆盛《りゅうせい》した。比叡山延暦寺《ひえいざんえんりゃくじ》の根本中堂《こんぽんちゅうどう》の本尊とされる。

〈注4〉**【毘盧遮那仏《びるしゃなぶつ》】**旧訳《くやく》は盧舎那仏《るしゃなぶつ》。華厳経《けごんぎょう》、梵網経《ぼんもうきょう》などに説《と》かれる。蓮華蔵《れんげぞう》世界という名の仏国土《ぶっこくど》にいるとされる。

〈注5〉**【胎蔵曼荼羅《たいぞうまんだら》】**大日経《だいにちきょう》に基《もと》づく曼荼羅で、如来《にょらい》の一切《いっさい》の功徳《くどく》を生み育《はぐく》む平等の理が凡夫《ぼんぷ》の心に蔵《ぞう》されていることを示すものとされる。

〈注6〉**【金剛界曼荼羅《こんごうかいまんだら》】**金剛頂経《こんごうちょうきょう》に基《もと》づく曼荼羅で、平等の理を証《しょう》する如来《にょらい》の智慧《ちえ》を示すものとされる。

〈注7〉**【大日経《だいにちきょう》に説《と》かれる……大日如来《だいにちにょらい》は、法華経見宝塔品《けんほうとうほん》に説かれる多宝《たほう》如来の左右にひかえる仏である】**「開目抄《かいもくしょう》」では、真言《しんごん》の祖師である中国の善無畏《ぜんむい》や不空《ふくう》などが「法華経を胎蔵曼荼羅《たいぞうまんだら》と金剛界《こんごうかい》曼荼羅の中央に置いて大王のようにし、胎蔵の大日経と金剛界の金《こん》剛頂経《ごうちょうきょう》を左右の臣下《しんか》のようにした」（御書二一六㌻、通解）と述べられている。

　このことの詳細は不明だが、日寛上人《にちかんしょうにん》は『開目抄愚記《かいもくしょうぐき》』（文段集一六八㌻）で、鎌倉《かまくら》後期の元亨《げんこう》二年（一三二二年）に成立した『元亨釈書《げんこうしゃくしょ》』の記事を参照するよう記している。そこには、平安《へいあん》時代の天慶《てんぎょう》四年（九四一年）に、真言僧《しんごんそう》の道賢《どうけん》（日蔵《にちぞう》）が、大政天《だいじょうてん》（菅原道真《すがわらのみちざね》の死霊《しりょう》）のすみかで、妙法蓮華経を安置《あんち》した塔《とう》の東西の壁《かべ》に両部曼荼羅《りょうぶまんだら》が懸《か》かっているのを見たと記されている。

〈注8〉【小乗《しょうじょう》の釈尊《しゃくそん》】小乗経《しょうじょうきょう》に説《と》かれた仏、またその教主《きょうしゅ》のこと。過去に三大阿僧祇《さんだいあそうぎ》・百《ひゃく》大劫《だいこう》の間、菩薩《ぼさつ》の行《ぎょう》を修行し、最後に三十四の智慧心《ちえしん》をもって見思《けんじ》の惑《わく》を断《だん》じ尽《つ》くして、成仏《じょうぶつ》の相《そう》を示したと説く。涅槃《ねはん》して後は再び現《あらわ》れないとされる。初地《しょじ》以前の凡夫《ぼんぷ》・二乗《にじょう》に対して応現《おうげん》する丈六《じょうろく》（一丈六尺、約四・八五メートル）の仏身《ぶっしん》であり、三十二相《さんじゅうにそう》・八十種好《はちじっしゅこう》をそなえた色相荘厳《しきそうしょうごん》の仏である。

〈注9〉【阿闍世王子《あじゃせおうじ》】釈尊存命中《しゃくそんぞんめいちゅう》の中《ちゅう》インド・マガダ国の頻婆娑羅王《びんばしゃらおう》の王子。阿闍世はサンスクリットのアジャータシャトルの音写。提婆達多《だいばだった》にそそのかされ、父を幽閉《ゆうへい》し獄死《ごくし》させて、自ら王位についた。

〈注10〉【提婆達多《だいばだった》】サンスクリットのデーヴァダッタの音写。釈尊《しゃくそん》の従兄弟《いとこ》で、最初《さいしょ》は釈尊の弟子だったが、慢心《まんしん》を起こして敵対し、釈尊に種々《しゅじゅ》の危害《きがい》を加《くわ》えたり、教団の分裂《ぶんれつ》を企《くわだ》てた。その悪行ゆえに生きながら地獄《じごく》に堕《お》ちたという。

〈注11〉【釈尊《しゃくそん》がお亡《な》くなりになった日】釈尊が亡くなったのは、上座《じょうざ》仏教の伝承《でんしょう》では、ヴァイシャーカ月の満月の日とされる。ヴァイシャーカ月は、インドの暦《こよみ》で第二の月なので、中国・日本では二月とされ、涅槃会《ねはんえ》が開催された。

〈注12〉【法然《ほうねん》・永観《ようかん》】法然（一一三三年～一二一二年）は、平安《へいあん》末期から鎌倉《かまくら》初期の浄土教《じょうどきょう》の僧《そう》で、日本浄土宗の開祖。諱《いみな》（僧侶《そうりょ》としての正式の名）は源空《げんくう》。口に念仏《ねんぶつ》を称《とな》える（称名《しょうみょう》念仏）だけで極楽浄土《ごくらくじょうど》に往生《おうじょう》できるという教えを広め、それ以外の教えを排除《はいじょ》した。代表的著作に『選択本願念仏集《せんちゃくほんがんねんぶっしゅう》（選択集《せんちゃくしゅう》）』がある。
　永観《ようかん》（一〇三三年〜一一一一年）は、平安《へいあん》末期の三論宗《さんろんしゅう》の僧《そう》。『往生拾因《おうじょうじゅういん》』を著《あらわ》し、浄土《じょうど》教《きょう》、極楽《ごくらく》往生の修行を勧《すす》めた。

〈注13〉**【釈尊《しゃくそん》がお生まれになった日である】**釈尊の誕生は、上座《じょうざ》仏教の伝承《でんしょう》では、ヴァイシャーカ月の満月の日とされる。ヴァイシャーカ月は、中国・日本の暦《こよみ》では四月・五月に当たるためか、四月八日が釈尊の誕生の日とされ、灌仏会《かんぶつえ》が開催された。

〈注14〉**【法身《ほっしん》の菩薩《ぼさつ》】**煩悩《ぼんのう》を断じて一分《いちぶん》の法性《ほっしょう》を顕現《けんげん》した菩薩のこと。『大智度論《だいちどろん》』には六《ろく》神通《じんずう》を得たものをさすとある。生身《しょうじん》の菩薩（無明《むみょう》を断《だん》じていない菩薩）に対する語。初地《しょじ》以上（円教《えんぎょう》では初住《しょじゅう》以上）の菩薩をいう。

〈注15〉**【不退地《ふたいじ》】**不退転《ふたいてん》の地位をいう。不退位《ふたいい》には多くの説があるが、その中の位《い》不退《ふたい》は円教《えんぎょう》についていえば初信《しょしん》から第七信までの見思惑《けんじわく》を断じ、再び三界六道《さんがいろくどう》に陥《おち》ることがない境地をいう。

〈注16〉**【応身《おうじん》】**衆生《しゅじょう》を救《すく》うためにその機根《きこん》に応じて具体的な姿形《すがたかたち》をもって出現する身。

〈注17〉**【「法身《ほっしん》の菩薩《ぼさつ》たちは……これと同様である」】**出典は、天台大師智顗《てんだいだいしちぎ》による『法華《ほっけ》玄義《げんぎ》』巻六下の以下の文《もん》。「三為本縁所牽。本従此仏初発道心。亦従此仏住不退地。仏尚自入分段。施作仏事。有縁之者何得不来。猶如百川応須朝海。縁牽応生亦復如是」

# 大段第二　法華経の対象となる時と機根《きこん》

（御書三三三ページ十六行目～三三六ページ一行目）

# 第7段　迹門《しゃくもん》は末法《まっぽう》のため

（御書三三三ジペー十六行目～三三四ジペー三行目）

質問する。法華経は誰《だれ》のために説《と》かれたのか。

答える。方便品《ほうべんぼん》から授学無学人記品《じゅがくむがくにんきほん》に至《いた》るまでの八品《はっぽん》〈注1〉に二つの意図がある。

序品《じょほん》から後の品《ほん》へと前から順に読めば、第一に菩薩《ぼさつ》のため、第二に二乗《にじょう》のため、第三に凡夫《ぼんぷ》のために説《と》かれたのである〈注2〉。

安楽行品《あんらくぎょうほん》から勧持品《かんじほん》・提婆達多品《だいばだったほん》・見宝塔品《けんほうとうほん》・法師品《ほっしほん》というように、後ろ《うし》の方から逆に読めば、釈尊《しゃくそん》が亡《な》くなった後《のち》の者たちが本意であり、釈尊の存命中《ぞんめいちゅう》

( 334 )

にいる者たちは副次的である。釈尊が亡くなった後のことについて言えば、正《しょう》法《ほう》時代の千年と像法《ぞうほう》時代の千年〈注3〉は副次的であり、末法《まっぽう》の時代が本意である。末法の時代の中では私（日蓮）を本意としている。

質問する。その証拠《しょうこ》となる経文は何か。

答える。「まして仏（釈尊《しゃくそん》）が亡《な》くなった後ではなおさらである（況滅度《きょうめつど》後《ご》）」（法師品《ほっしほん》）〈注4〉という経文である。

疑問《ぎもん》を述べる。あなた（日蓮）を本意としているという紛《まぎ》れもない経文は何か。

答える。「智慧《ちえ》のない人々が、悪口《わるくち》を言ったり罵《ののし》ったり、刀や棒《ぼう》をふるったりすることがある」（勧持品《かんじほん》）〈注5〉とある。

質問する。自分で自分を賞讃《しょうさん》するのはどうしてか。

答える。（法華経を身で読んだ）喜《よろこ》びがあまりに大きいので、こらえきれずに、自分で自分を賞讃《しょうさん》するのである。

## ◇注　解◇

大段第一では、釈尊《しゃくそん》が一代にわたって説いた経の勝劣《しょうれつ》を、教法《きょうほう》と教主《きょうしゅ》の二つの観点から明かし、法華経が最勝《さいしょう》の経であることが示された。

この大段第二では、その理由を問答形式で説明されていく。それに当たって、法華経がどのような「時」のどのような「機根《きこん》」の人のために説《と》かれたかを検討《けんとう》されていく。

〈注1〉**【方便品《ほうべんぼん》から授学無学人記品《じゅがくむがくにんきほん》に至《いた》るまでの八品《はっぽん》】**「観心本尊抄《かんじんのほんぞんしょう》」の五重三段《ごじゅうさんだん》では、迹《しゃく》門熟益《もんじゅくやく》三段の正宗分《しょうしゅうぶん》とされている（御書二四八㌻）。

〈注2〉**【序品《じょほん》から……説《と》かれたのである】**迹門《しゃくもん》の正宗分《しょうしゅうぶん》である八品《はっぽん》は声聞《しょうもん》への説法《せっぽう》なので、八品の中で順次に読んでも「第一に菩薩《ぼさつ》のため、第二に二乗《にじょう》のため、第三に凡夫《ぼんぷ》のために」という解釈《かいしゃく》は出てこない。序品第一は弥勒《みろく》菩薩の疑問《ぎもん》に文殊《もんじゅ》菩薩が答えているし、法師品《ほっしほん》第十以下の流通分《るつうぶん》では竜女《りゅうにょ》・提婆達多《だいばだった》をはじめ凡夫に授記《じゅき》がなされているので、「上《かみ》より下《しも》に向《むかっ》て次第に之《これ》を読めば」（御書三三三㌻）とは、序分《じょぶん》→正宗分→流通分の順で読むということと解《かい》される。次下の「逆次《ぎゃくじ》に之を読めば」（同㌻）は、流通分→正宗分→序分というように読むということである。

〈注3〉**【正法《しょうほう》時代の千年と像法《ぞうほう》時代の千年】**いずれも、釈尊滅後《しゃくそんめつご》、仏法がどのように受容《じゅよう》されるかについての時代区分（正法・像法・末法《まっぽう》）のうちの一つ。

正法《しょうほう》とは、仏の教えが正しく行われる時期。教えそのもの（教《きょう》）、それを学び修行すること（行《ぎょう》）、覚《さと》りを開くこと（証《しょう》）の三つがそなわり、成仏《じょうぶつ》する衆生《しゅじょう》がいた時期をいう。『中観論疏《ちゅうがんろんしょ》』などでは、釈尊滅後《しゃくそんめつご》一千年間とされる。大集経《だいじっきょう》では、始めの五百年を「解脱堅固《げだつけんご》」（衆生が小乗《しょうじょう》の教えを学び戒律《かいりつ》を持《たも》って解脱を求めた時代）とし、後の五百年を「禅定堅固《ぜんじょうけんご》」（衆生が大乗教《だいじょうきょう》を実践して深く三昧《さんまい》に入《はい》り心を静《しず》めて思惟《しゆい》の行《ぎょう》を行《おこな》った時代）とする。

像法《ぞうほう》とは、教えそのものとそれを学び修行する者はあるが、覚《さと》りを開く者はおらず、仏法が形式的に行われる時代をいう。「像」とは、「かたどる、似《に》ている」の意。大集経《だいじっきょう》では第三の五百年を「読誦多聞堅固《どくじゅたもんけんご》」（仏の経典を翻訳《ほんやく》し聞持《もんじ》する者が多い時代）とし、第四の五百年を「多造塔寺堅固《たぞうとうじけんご》」（寺院・堂塔《どうとう》の造立《ぞうりゅう》が盛《さか》んな時代）とする。

日蓮大聖人の御在世《ございせ》当時の日本では、『周書異記《しゅうしょいき》』に基《もと》づいて釈尊《しゃくそん》の入滅《にゅうめつ》が「周《しゅう》の穆王《ぼくおう》の五十二年」（紀元前九四九年）とされ、また吉蔵《きちぞう》の『法華玄論《ほっけげんろん》』などによる正法《しょうほう》千年・像法《ぞうほう》千年とする説が広く用いられ、永承《えいしょう》七年（一〇五二年）が末法《まっぽう》元年と考えられていた。第2段〈注14〉を参照。

〈注4〉**【「まして仏（釈尊《しゃくそん》）が亡くなった後ではなおさらである」】**「況滅度後《きょうめつどご》」（法華経三六三ページ）は、釈尊滅後《めつご》の悪世において法華経を弘通《ぐつう》する人には必ず釈尊在世《ざいせ》を超える大難があることを述べた文《もん》であり、そのような大難を受けた法華経の行者《ぎょうじゃ》は日蓮大聖人お一人である。

〈注5〉**【「智慧《ちえ》のない人々が、悪口《わるくち》を言ったり罵《ののし》ったり、刀《かたな》や棒《ぼう》をふるったりすることがある」】** この勧持品《かんじほん》二十行の偈《げ》（法華経四一八ジペー）では、三類《さんるい》の強敵《ごうてき》による法華経の行者《ぎょうじゃ》への迫害《はくがい》の様相が説かれている。本段に挙《あ》げられた文《もん》では、刀や杖《つえ》の難にまで遭《あ》うとされている。釈尊存命中《しゃくそんぞんめいちゅう》と滅後《めつご》を見ても、法華経弘通《ぐつう》のゆえにこれらの難に遭ったのは、小松原《こまつばら》の法難《ほうなん》で切りつけられ、竜《たつ》の口《くち》の法難で斬首《ざんしゅ》の危機に遭われた日蓮大聖人だけであった。

# 第8段　本門《ほんもん》の二つの意図

（御書三三四㌻三行目～六行目）

質問する。法華経本門《ほんもん》の意図はどうか。

答える。本門《ほんもん》にも二つの意図がある。

第一には、従地涌出品《じゅうじゆじゅっぽん》〈注1〉の略開近顕遠《りゃくかいごんけんのん》〈注2〉は、法華経より前の四種類の教え〈注3〉を受けた者たちと法華経迹門《しゃくもん》の教えを受けた者たちを覚《さと》りに導《みちび》くのである。

第二には、涌出品《ゆじゅっぽん》の動執生疑《どうしゅうしょうぎ》（聴衆《ちょうしゅう》が疑問《ぎもん》を抱《いだ》いた）の場面から後の後半と、如来寿量品《にょらいじゅりょうほん》全部と、分別功徳品《ふんべつくどくほん》の前半、以上の「一品二半《いっぽんにはん》〈注4〉」は、広開近顕《こうかいごんけん》遠《のん》〈注5〉と呼ばれるが、こちらは釈尊《しゃくそん》が亡《な》くなった後の時代の者たちのためだけに説《と》かれている。

## ◇注　解◇

〈注1〉【従地涌出品《じゅうじゆじゅっぽん》】法華経従地涌出品第十五は、釈尊滅後《しゃくそんめつご》の末法《まっぽう》に法華経の弘通《ぐつう》を担《にな》う地《じ》涌《ゆ》の菩薩《ぼさつ》が出現することを説《と》き、如来寿量品《にょらいじゅりょうほん》の直前にあって重要な役割《やくわり》を果《は》たす品《ほん》である。

法師品《ほっしほん》第十から釈尊《しゃくそん》が滅後《めつご》の法華経弘通《ぐつう》を勧《すす》めたことを受けて、迹化《しゃっけ》・他方《たほう》の菩薩《ぼさつ》は、その誓願《せいがん》を立てた。しかし釈尊は菩薩たちに対し、「止《や》みね。善男子《ぜんなんし》よ。汝等《なんだち》が此《こ》の経を護《ご》持《じ》せんことを須《もち》いじ」（法華経四五一ページ）とこれを制止《せいし》した。

その時、上行《じょうぎょう》・無辺行《むへんぎょう》・浄行《じょうぎょう》・安立行《あんりゅうぎょう》の四菩薩《しぼさつ》をリーダーとする地涌《じゆ》の菩薩が大地から涌出《ゆじゅつ》する。その様を目の当たりにした弥勒《みろく》菩薩は、いまだかつてこのような菩薩を見たことがないとして、地涌の菩薩の正体について釈尊《しゃくそん》に尋《たず》ねた。

これに対し釈尊《しゃくそん》は「爾《しか》して乃《すなわ》ち之《これ》を教化《きょうけ》して　初めて道心《どうしん》を発《おこ》さしむ（中略）我《われ》は久遠《くおん》従《よ》り来《このかた》　是等《これら》の衆《しゅ》を教化《きょうけ》せり」（法華経四六七ページ）と答えたのである。これは釈尊の久遠の成仏をあらあら示すものであるので、「略開近顕遠《りゃくかいごんけんのん》」と位置づけられる。

これを聞いて、会座《えざ》の聴衆《ちょうしゅう》は大きな疑問《ぎもん》を起こし、弥勒菩薩《みろくぼさつ》が代表して釈尊《しゃくそん》に尋《たず》ねる。すなわち、始成正覚《しじょうしょうがく》の立場を確認《かくにん》した上で、成道《じょうどう》から四十余年しかならない釈尊が、どうしてこれだけ多くの菩薩を教化《きょうけ》することができたのか。しかもこの菩薩の一人一人が実に立派《りっぱ》であり、釈尊がこれをわが弟子だと言うのは、譬《たと》えていえば、二十五歳の青年が百歳の老人《ろうじん》を指してわが弟子であると言うほどの矛盾《むじゅん》がある。どうか未来のために疑《うたが》いを除《のぞ》いていただきたい、と。これを動執生疑《どうしゅうしょうぎ》という。

この疑《うたが》いに、まさしく答えたのが、続く如来寿量品《にょらいじゅりょうほん》である。

〈注2〉【略開近顕遠《りゃくかいごんけんのん》】前注を参照。「開近顕遠」とは「近《ごん》を開いて遠《おん》を顕《あらわ》す」と読み、始成《しじょう》正覚《しょうがく》（近《ごん》）を打ち破って、久遠実成《くおんじつじょう》（遠《おん》）を顕《あらわ》したことをいう。

〈注3〉【法華経より前の四種類の教え】法華経より前に説《と》かれた四種類の教えのことで、「前四味《ぜんしみ》」という。天台大師智顗《てんだいだいしちぎ》は、釈尊《しゃくそん》一代の説法《せっぽう》の次第を①華厳経《けごんぎょう》②阿含経《あごんぎょう》③方等経《ほうどうきょう》④般若経《はんにゃきょう》⑤法華経・涅槃経《ねはんぎょう》という五つの経典群の順と考え、これを順に、①乳味《にゅうみ》②酪味《らくみ》③生《しょう》蘇味《そみ》④熟蘇味《じゅくそみ》⑤醍醐味《だいごみ》の「五味《ごみ》」（乳を精製《せいせい》して得られる五つの段階の味）で譬《たと》えた。「前四味」とは、醍醐味を除く四味、すなわち華厳経から般若経までの爾前《にぜん》（法華経以前）の諸経を指す。

〈注4〉【一品二半《いっぽんにはん》】日寛上人《にちかんしょうにん》は『観心本尊抄文段《かんじんのほんぞんしょうもんだん》』で、本門正宗分《ほんもんしょうしゅうぶん》の「一品二半」について、本抄の「本門に於《お》て二の心有り一には涌出品《ゆじゅっぽん》の略開近顕遠《りゃっかいごんけんのん》は前四味《ぜんしみ》並《ならび》に迹門《しゃくもん》の諸衆《しょしゅう》をして脱《だつ》せしめんが為《ため》なり、二には涌出品の動執生疑《どうしゅうしょうぎ》より一半並《いっぱんなら》びに寿量品《じゅりょうほん》・分別功徳品《ふんべつくどくほん》の半品已上《はんぼんいじょう》一品二半を広開近顕遠《こうかいごんけんのん》と名《なづ》く一向《いっこう》に滅後《めつご》の為《ため》なり」（御書二三四ページ）に基《もと》づいて、「天台《てんだい》の配立《はいりゅう》」と「蓮祖《れんそ》の配立」を区別している（文段集五一四ページ）。

涌出品《ゆじゅっぽん》の「略開近顕遠《りゃくかいごんけんのん》」の箇所《かしょ》では、釈尊《しゃくそん》の滅後悪世《めつごあくせ》の弘通《ぐつう》を託《たく》すべき本物の弟子を呼び出して出現してきた地涌《じゆ》の菩薩《ぼさつ》について、釈尊は、これらの菩薩は釈尊がこの娑婆《しゃば》世界で仏の最高の覚《さと》りを得てから教化《きょうけ》し発心《ほっしん》させた菩薩で、娑婆世界の地の下の虚空《こくう》に住していて、無数劫《むしゅこう》の間、仏の智慧《ちえ》を習い修《おさ》めてきたと述べている。この弟子の修行の長遠《ちょうおん》さによって師の釈尊の成仏《じょうぶつ》の長遠さを示しているのである。

在世《ざいせ》の衆生《しゅじょう》は、この釈尊《しゃくそん》の言葉に驚《おどろ》き疑問《ぎもん》を感じたが、その気持ちを代弁《だいべん》して弥勒菩薩《みろくぼさつ》が釈尊に質問しているのが、続《つづ》く「動執生疑《どうしゅうしょうぎ》」の箇所《かしょ》である。

その質問をした理由として、弥勒《みろく》は、在世《ざいせ》の弟子の弥勒自身らは仏の言葉を信ずるけれども「新発意《しんぼっち》の菩薩《ぼさつ》は、仏滅《めっ》して後《のち》に於《お》いて、若《も》し是《こ》の語《みこと》を聞かば、或《あるい》は信受《しんじゅ》せずして、法《ほう》を破《は》する罪業《ざいごう》の因縁《いんねん》を起こさん」（法華経四七〇㌻）と述べ、その回答が得られれば「未《み》来世《らいせ》の諸《もろもろ》の善男子《ぜんなんし》は、此《こ》の事《じ》を聞き已《お》わりなば、亦疑《またうたが》いを生《しょう》ぜじ」（同㌻）と述べ、これ以《い》降《こう》に説《と》かれる詳しい説明すなわち広開近顕遠《こうかいごんけんのん》は、滅後《めつご》の初信《しょしん》の菩薩のためであることが示されている。

なお、この議論は、「観心本尊抄《かんじんのほんぞんしょう》」の第27章「本門《ほんもん》の正宗分《しょうしゅうぶん》の文《もん》を引く」（御書二五〇㌻十四行目～二五一㌻十行目）で詳しくなされている。

これらのことから、もっぱら滅後弘通《めつごぐつう》のために明かされている部分である「動執生疑《どうしゅうしょうぎ》」以降《いこう》を涌出品《ゆじゅっぽん》の半品《はんぽん》とする一品二半《いっぽんにはん》は、滅後の初信《しょしん》の者の成仏《じょうぶつ》のための教えであるのに対して、「略開近顕遠《りゃくかいごんけんのん》」をも含《ふく》めて涌出品の半品とする一品二半は、在世《ざいせ》の衆生《しゅじょう》の得脱《とくだつ》のための教えであると位置づけられる。

「天台《てんだい》の配立《はいりゅう》」すなわち天台教学でいう本門正宗分《ほんもんしょうしゅうぶん》の一品二半《いっぽんにはん》は、涌出品《ゆじゅっぽん》の略開近顕遠《りゃくかいごんけんのん》が含《ふく》まれ、主として久遠実成《くおんじつじょう》の釈尊《しゃくそん》が教化《きょうけ》・調熟《じょうじゅく》してきた在世《ざいせ》の衆生《しゅじょう》の脱益《だっちゃく》を図るものである。

それ故、「天台配立《てんだいはいりゅう》の略広開顕《りゃくこうかいけん》の一品二半《いっぽんにはん》」と名づけられ、「在世《ざいせ》の本門《ほんもん》」であり、五重《ごじゅう》三段《さんだん》のうち「第四の三段、本門脱益《だっちゃく》の正宗《しょうしゅう》」であるとする（文段集五一四ページ）。

これに対して、「蓮祖《れんそ》の配立《はいりゅう》」は、日蓮仏法における本門正宗分《ほんもんしょうしゅうぶん》の一品二半《いっぽんにはん》は、涌出品《ゆじゅっぽん》の半品《はんぽん》に略開近顕遠《りゃくかいごんけんのん》を含《ふく》まず、その後の動執生疑《どうしゅうしょうぎ》からで、もっぱら滅後《めつご》なかんずく末法《まっぽう》において本未有善《ほんみうぜん》の凡夫《ぼんぷ》を成仏《じょうぶつ》させる下種《げしゅ》の法《ほう》を指し示すためである。それゆえ「広開近顕遠《こうかいごんけんのん》の一品二半」と名づけられ、「末法の本門《ほんもん》」であり、「我《わ》が内証《ないしょう》の寿量品《じゅりょうほん》」と呼ばれ、「文底《もんてい》下種の本因妙《ほんいんみょう》」とされる。これは「第五の三段、文底下種の正宗《しょうしゅう》」であるとされる（同ページ）。

すなわち、「蓮祖《れんそ》の配立《はいりゅう》」とは、末法《まっぽう》の凡夫《ぼんぷ》を成仏《じょうぶつ》させる下種《げしゅ》のためという底意《ていい》から法華経の本門十四品《ほんもんじゅうしほん》の経文を捉《とら》え直《なお》して配立した文底下種三段《もんていげしゅさんだん》で正宗分《しょうしゅうぶん》を定めたものである。本門の一品二半《いっぽんにはん》が文底下種三段の正宗分である理由は、寿量品《じゅりょうほん》の文底に「末法下種の法」である南無妙法蓮華経が秘《ひ》められているからである。

それ故、この本門《ほんもん》の一品二半《いっぽんにはん》からみれば、久遠実成《くおんじつじょう》の釈尊《しゃくそん》および三世十方《さんぜじっぽう》の諸仏《しょぶつ》やその弟子である菩薩《ぼさつ》らが説《と》くすべての教えは、この「末法下種《まっぽうげしゅ》の法」「末法流通《るつう》の正体（法そのもの）」を明かすためのものであり、真実がまだすべて明かされておらず権《ごん》を帯《お》びた方便《ほうべん》であるので、序分《じょぶん》である。また下種の法が明かされた上で、これらの教えを見ると、下種の法を説き広めるために用いるべきものなので、流通分《るつうぶん》となる。

〈注5〉【広開近顕遠《こうかいごんけんのん》】開近顕遠については、〈注2〉を参照。「広開近顕遠」とは、法華経如来寿量品《にょらいじゅりょうほん》第十六で「一切世間《いっさいせけん》の天《てん》・人《にん》、及《およ》び阿修羅《あしゅら》は、皆《みな》今の釈迦牟尼仏《しゃかむにぶつ》は釈氏《しゃくし》の宮《みや》を出《い》でて、伽耶城《がやじょう》を去ること遠《とお》からず、道場に坐《ざ》して、阿耨多羅三藐三菩提《あのくたらさんみゃくさんぼだい》を得たまえりと謂《おも》えり。然《しか》るに善男子《ぜんなんし》よ。我《われ》は実《じつ》に成仏《じょうぶつ》してより已来《このかた》、無量無辺百千万億那由他劫《むりょうむへんひゃくせんまんのくなゆたこう》なり」（法華経四七七㌻）と説《と》いて始成正覚《しじょうしょうがく》をまさしく打ち破り、釈尊《しゃくそん》の久遠《くおん》の成道《じょうどう》を明かしたことをいう。

# 第9段　略開近顕遠《りゃくかいごんけんのん》による在世《ざいせ》の衆生《しゅじょう》の得脱《とくだつ》

（御書三三四ジペー六行目〜十四行目）

質問する。略開近顕遠《りゃくかいごんけんのん》の意図は何であるのか。

答える。文殊《もんじゅ》や弥勒《みろく》〈注1〉などの偉大な菩薩《ぼさつ》たちや、大梵天王《だいぼんてんのう》・帝釈天《たいしゃくてん》・日天子《にってんし》・月天子《がってんし》・星々・竜王《りゅうおう》〈注2〉などは、釈尊《しゃくそん》が今世《こんぜ》で初めて覚《さと》りを開いた時から般若経《はんにゃきょう》を説き終えるまでの間〈注3〉は、一人も釈尊の弟子ではなかった。

これらの菩薩《ぼさつ》や神々は、釈尊《しゃくそん》が覚《さと》りを開いて、まだ教えを説《と》く前に、不思議《ふしぎ》解脱《げだつ》〈注4〉という境地を得ており、自《みずか》ら別教《べっきょう》と円教《えんぎょう》〈注5〉を説いたのである。

釈尊はその後に阿含時《あごんじ》・方等時《ほうどうじ》・般若時《はんにゃじ》〈注6〉の教えを説かれたのである。しかしながら、こうした釈尊の教えは、まったく彼らを益《えき》するものではなかった。彼らは既《すで》に別教と円教を知っていたから、（それより劣《おと》る）蔵教《ぞうきょう》や通教《つうぎょう》〈注7〉も知っていたのである。勝《すぐ》れたものは劣ったものを兼《か》ねるとは、このことである。

詳しくこのことを論ずれば、彼らは釈尊《しゃくそん》の師匠《ししょう》とも言えるかもしれない。善《ぜん》知識《ちしき》〈注8〉とはこのことである。彼らは釈尊に従《したが》ったわけではない。法華経迹《しゃく》門《もん》の（方便品《ほうべんぼん》から人記品《にんきほん》までの）八品《はっぽん》に至《いた》ってやっと、今まで聞いたことのない教えを聞いて、彼らは釈尊《しゃくそん》の弟子になったのである。

舎利弗《しゃりほつ》や目連《もくれん》〈注9〉らは、鹿野苑《ろくやおん》〈注10〉で教えを聞いて以後、初めて覚《さと》りを求める心を起こした弟子である。しかしながら、釈尊《しゃくそん》は彼らには一時的な仮《かり》の教えを許《ゆる》しただけであった。法華経に至《いた》って、真実の教えを授《さず》けたのである。法華経本門《ほんもん》の略開近顕遠《りゃくかいごんけんのん》に至《いた》って、華厳経《けごんぎょう》以来教えを受けてきた偉大な菩薩《ぼさつ》たちも、二乗《にじょう》も、大梵天王《だいぼんてんのう》・帝釈天《たいしゃくてん》・日天子《にってんし》・月天子《がってんし》・四天王《してんのう》・竜王《りゅうおう》らも、妙覚《みょうかく》

〈仏と同じ完全な覚《さと》り〉のすぐ手前まで到達《とうたつ》したり〈注11〉、妙覚を得たりしたのである。

もしそうであるなら、今、私たちが天空を見上げれば、日天子《にってんし》や月天子《がってんし》などはその姿のまま妙覚《みょうかく》の仏の位《くらい》にあって〈注12〉衆生《しゅじょう》に利益《りやく》を与えているのである。

## ◇注　解◇

〈注1〉**【弥勒《みろく》】**　サンスクリットのマイトレーヤの音写で、「慈愛《じあい》に満《み》ちた者」を意味する。釈尊《しゃくそん》が入滅《にゅうめつ》して五十六億《おく》七千万年後に仏として再《ふた》びこの世界に登場するとされる。現在は菩薩《ぼさつ》の修行を重ね、一生補処《いっしょうふしょ》（次の生《せい》で仏となって、前の仏の処《ところ》を補《おぎな》う者）に達《たっ》し、都率天《とそつてん》の内院《ないいん》に住むとされる。

〈注2〉**【日天子《にってんし》・月天子《がってんし》・星々・竜王《りゅうおう》】**　日天子は、太陽を神格化《しんかくか》したもの。月天子《がってんし》は、月を神格化《しんかくか》したもの。星々は、神格化《しんかくか》され、諸天善神《しょてんぜんじん》の一つとされた。竜王《りゅうおう》は、竜の王。竜は八部衆《はちぶしゅ》の一つで畜生界《ちくしょうかい》の代表とされる。法華経では、多くの眷属《けんぞく》とともに正法《しょうほう》を守護《しゅご》することを誓《ちか》っている。

〈注3〉**【今世《こんぜ》で初めて覚《さと》りを開いた時から般若経《はんにゃきょう》を説《と》き終えるまでの間】**　釈尊《しゃくそん》は今世で三十歳（三十五歳の説もある）で覚りを開いて八十歳まで教えを説いたとされ、天台大師智顗《てんだいだいしちぎ》による五時《ごじ》の説《せつ》では、華厳《けごん》・阿含《あごん》・方等《ほうどう》・般若の四つの教えを説いた後、法華経を説いたとされる。

〈注4〉**【不思議解脱《ふしぎげだつ》】**　二乗《にじょう》（声聞《しょうもん》・縁覚《えんがく》）の得た覚《さと》りでは思い量《はか》ることができない大乗《だいじょう》の深

遠な覚りの境地。

〈注5〉【別教《べっきょう》と円教《えんぎょう》】天台大師《てんだいだいし》は教法《きょうほう》の内容から四種に分類して、蔵《ぞう》・通《つう》・別《べつ》・円《えん》の四教《しきょう》を立てた。このうち、別教とは、別して菩薩《ぼさつ》のみに対して説《と》かれた教法。円教とは、仏の覚《さと》りをそのまま説き顕《あらわ》した円融円満《えんゆうえんまん》の教法。

〈注6〉【阿含時《あごんじ》・方等時《ほうどうじ》・般若時《はんにゃじ》】天台宗《てんだいしゅう》が立てる五時教判《ごじきょうはん》で最初の華厳時《けごんじ》と最後の法華《ほっけ》涅槃時《ねはんじ》を除《のぞ》いた三つ。このうち、阿含時は、長《じょう》阿含経などの四《し》阿含を説《と》いた期間。方等時は、阿弥陀経《あみだきょう》・維摩経《ゆいまきょう》などの権大乗教《ごんだいじょうきょう》を説いた期間。般若時は、般若経を説いた期間。

〈注7〉【蔵教《ぞうきょう》や通教《つうぎょう》】蔵教とは、二乗《にじょう》に対して説かれた経律論《きょうりつろん》の三蔵《さんぞう》の教え。小乗教《しょうじょうきょう》とされる。通教とは、二乗・菩薩《ぼさつ》に共通する大乗《だいじょう》の初門《しょもん》となる教え。

〈注8〉【善知識《ぜんちしき》】仏・菩薩《ぼさつ》・人《にん》・天《てん》などを問わず、人を仏道《ぶつどう》に導く者をいう。漢語の「知識」はサンスクリットのミトラの訳《やく》で、「友」とも訳され、友人、仲間を意味する。

この箇所で「善知識《ぜんちしき》」が意味することを含め、この段の内容は、「開目抄《かいもくしょう》」の第26段「菩《ぼ》薩《さつ》などには爾前経《にぜんきょう》の恩《おん》はない」（御書二〇七㌻十行目〜二〇八㌻十行目）で、より詳細に言及されている。

それに基《もと》づいて述べれば、文殊《もんじゅ》・弥勒《みろく》などの大菩薩《だいぼさつ》、梵天《ぼんてん》・帝釈《たいしゃく》・日月《にちがつ》・衆星《しゅしょう》・竜王《りゅうおう》たちが、釈尊《しゃくそん》が今世で成道《じょうどう》し法を説《と》く前からすでに不思議解脱《ふしぎげだつ》の境地にあったとされているのは、華厳経《けごんぎょう》の説相をもとにした仰《おお》せである。

華厳経《けごんぎょう》は釈尊《しゃくそん》の成道後《じょうどうご》、最初の説法《せっぽう》と位置づけられるが、釈尊自身は法を説《と》かず、これらの大菩薩《だいぼさつ》・神々たちが説法を行う。また、彼らは釈尊の過去の因位《いんい》における弟子、または釈尊以前の仏の弟子であったかもしれないが、いずれにせよ、始成正覚《しじょうしょうがく》の仏である釈尊の弟子ではない。

そして、こうした大菩薩《だいぼさつ》・神々たちが、まず華厳時《けごんじ》に別円《べつえん》二教を説《と》き、その後の阿含《あごん》・方等《ほうどう》・般若《はんにゃ》の三時に釈尊《しゃくそん》が同等の別円二教、あるいはさらに劣《おと》る蔵通《ぞうつう》二教を説いたから、その説法《せっぽう》の内容と前後関係からいえば、むしろ、大菩薩・神々たちの方が釈尊の師匠であるとされている。

さらに華厳経《けごんぎょう》では、こうした大菩薩《だいぼさつ》・神々たちが毘盧遮那仏《びるしゃなぶつ》の菩薩時代の善知識《ぜんちしき》であり、宿世《しゅくせ》の因縁《いんねん》によって華厳の会座《えざ》に来至《らいし》したと説《と》かれている。以上の意味で、日蓮大聖人は「善知識というのは、完全に師匠だというものでもなく、完全に弟子だというものでもない状態であるということである」（御書二〇八ページ、通解）と述べられている。

ただし「開目抄《かいもくしょう》」と本抄とでは、この話を通して言おうとする意図が異なる。「開目抄」では、菩薩《ぼさつ》などには爾前経《にぜんきょう》に対して恩《おん》はなく、真実の教えを説《と》いた法華経に対してこそ恩があるので、その法華経を受持《じゅじ》する行者《ぎょうじゃ》を守護《しゅご》すべきであることを言おうとしている。

これに対して本抄では、法華経で「略開近顕遠《りゃくかいごんけんのん》」というこれまで説《と》かれなかった真実の教えが明かされたことで、華厳経《けごんぎょう》以来教えを受けてきた大菩薩《だいぼさつ》たちも得脱《とくだつ》することができ、これを通して、「略開近顕遠」は在世《ざいせ》の衆生の得脱のためであったことを言おうとされたと拝される。

〈注9〉【舎利弗《しゃりほつ》や目連《もくれん》】ともに釈尊《しゃくそん》の十大弟子の一人。舎利弗はサンスクリットのシャーリプトラの音写。智慧《ちえ》第一とされる。目連はサンスクリットのマウドゥガリヤーヤナの音写。目犍連《もっけんれん》ともいう。神通《じんずう》（超常《ちょうじょう》的な力）第一とされる。

二人はともに六師外道《ろくしげどう》の一人のサンジャヤの弟子であったが、五比丘《ごびく》の一人である阿説《あせっ》示《じ》（アッサジ）により仏教を知り、釈尊《しゃくそん》に帰依《きえ》した。法華経では、舎利弗《しゃりほつ》は譬喩品《ひゆほん》第三で、目連《もくれん》は授記品《じゅきほん》第六で未来に仏に成ると保証《ほしょう》された。

〈注10〉【鹿野苑《ろくやおん》】サンスクリットのムリガダーヴァの訳《やく》。現在のヴァーラーナシー市郊外《こうがい》のサールナート付近《ふきん》にあった。釈尊《しゃくそん》が最初に説法《せっぽう》（初転法輪《しょてんぼうりん》）した地。阿含時《あごんじ》の諸経はここで説《と》かれたとされる。

〈注11〉【妙覚《みょうかく》のすぐ手前まで到達《とうたつ》したり】円教《えんぎょう》の菩薩《ぼさつ》の修行の五十二段階のうち、最後の妙覚（仏と同じ完全な覚《さと》り）のすぐ手前の等覚《とうがく》の位《くらい》に到達したということ。

〈注12〉【その姿のまま妙覚《みょうかく》の仏の位《くらい》にあって】日寛上人《にちかんしょうにん》は『取要抄文段《しゅようしょうもんだん》』で、「生身《しょうじん》の妙覚の仏」とは「名字《みょうじ》妙覚の仏」であるとする（文段集五七八㌻）。名字妙覚とは、久遠《くおん》名字の妙法を信じて、自身の生命に本来そなわる、本有無作三身《ほんぬむささんじん》の仏の境地を開き顕《あらわ》し、直ちに妙覚の仏に至った者のことである。この妙覚の位は、生命本来の境地であるので「本位《ほんい》」

とされる。「生身」は、穢土《えど》である現実世界に生まれた肉体、物質的身体である。日月などは、それ自体に本来そなわる働きをすべて発揮して人々に利益《りやく》を与えているので、不改本位《ふかいほんい》（本来の境地を改めない）の成仏の姿とされ、「生身の妙覚」と位置づけられる。

# 第10段　広開近顕遠《こうかいごんけんのん》は末法《まっぽう》のため

（御書三三四ジペー十五行目～三三五ジペー十行目）

質問する。（釈尊《しゃくそん》は）誰《だれ》のために、広開近顕遠《こうかいごんけんのん》の寿量品《じゅりょうほん》を説《と》いたのか。

答える。寿量品《じゅりょうほん》を中心とする「一品二半《いっぽんにはん》」は初めから終わりまで、まさに釈《しゃく》尊《そん》が亡《な》くなった後の時代の者のために説《と》かれたのである。その時代の中でも、末法《まっぽう》の時代の現在の私たちのために説かれたのである。

疑問《ぎもん》を述べる。この教義は、これまでに聞いたことがない。根拠《こんきょ》となる経文はあるのか。

答える。私は、過去の賢人《けんじん》以上に智慧《ちえ》があるわけではない。たとえ経文を引いたとしても、誰《だれ》が信じるだろうか。卞和《べんか》〈注1〉が声をあげて泣いたことや伍子胥《ごししょ》〈注2〉が悲しい思いをしたというのは、このことである。

しかしながら、（法華経涌出品《ゆじゅっぽん》の）略開近顕遠《りゃくかいごんけんのん》・動執生疑《どうしゅうしょうぎ》の場面の経文には「しかし、覚《さと》りを求める心を起こしたばかりの菩薩《ぼさつ》たちが、釈尊《しゃくそん》が亡《な》くなった後、もしこの言葉を聞いたなら、すんなり信じることができず、教えを破壊《はかい》し罪《つみ》を犯《おか》すきっかけとなる場合もあるでしょう」とある。

この経文の趣旨《しゅし》は、釈尊《しゃくそん》が寿量品《じゅりょうほん》を説《と》かなければ、末代《まつだい》の凡夫《ぼんぷ》は皆《みな》、（地獄《じごく》・餓鬼《がき》・畜生《ちくしょう》などの）悪道《あくどう》に堕《お》ちる、ということである。寿量品《じゅりょうほん》には「このすばらしい良薬《りょうやく》を今ここに残しておく」とある。

この経文の趣旨《しゅし》は、次のようなことである。この経文の前に説《と》かれたこと（広開近顕遠《こうかいごんけんのん》）は釈尊《しゃくそん》の過去世《かこせ》の事を説いたようだけれども、この経文によって考えると、釈尊が亡《な》くなった後のことを本意としているのであり、これは、先に過去の例を引いたということである。

分別功徳品《ふんべつくどくほん》には「悪い時代で末法《まっぽう》の時」とある。

如来神力品《にょらいじんりきほん》には「仏である私（釈尊《しゃくそん》）が亡《な》くなった後、この法華経を護持《ごじ》するなら、それによって仏たちは歓喜《かんき》され、計り知れないほどの神力《じんりき》を示される」とある。

薬王菩薩本事品《やくおうぼさつほんじほん》には「私（釈尊《しゃくそん》）が亡《な》くなった後、後《のち》の五百年の間、一閻浮提《いちえんぶだい》〈注3〉に広宣流布《こうせんるふ》〈注4〉するようにせよ。断絶《だんぜつ》させてはならない」とある。

また、「この経《きょう》は、一閻浮提《いちえんぶだい》の人の病にとって良薬《りょうやく》である」とある。

涅槃経《ねはんぎょう》には「譬《たと》えを示せば、七人の子どもがいて、父母は、この子たちに対して平等でないわけではないのだが、それでも病気の子にはひときわ心を砕《くだ》くというようなものである」とある。

この経文の「七人の子ども」のうち、一、二を争《あらそ》う重病人は、一闡提《いっせんだい》〈注5〉の者と謗法《ほうぼう》〈注6〉の者である。さまざまな病の中では、法華経を謗《そし》るのが一番の重病である。さまざまな薬のうち、南無妙法蓮華経が一番の良薬《りょうやく》である。この一閻浮提《いちえんぶだい》は、縦《たて》と横がそれぞれ七千由旬《ゆじゅん》〈注7〉あり、その中に八万の国がある。法華経は、正法《しょうほう》・像法《ぞうほう》の時代の二千年の間には、まだ広宣流布《こうせんるふ》していなかった。今この時代に流布させなければ、釈尊《しゃくそん》は大うそつきの仏となり、多宝仏《たほうぶつ》による法華経の正しさの保証《ほしょう》は水の泡《あわ》と同じで、はかなく、十方《じっぽう》の世界から来た分身《ふんじん》の仏たちが法華経をたたえるため釈尊と一緒《いっしょ》に伸ばした長い舌も、芭蕉《ばしょう》の葉と変わらない（すぐに破《やぶ》れ綻《ほころ》びてしまう）。

## ◇注　解◇

〈注1〉【卞和《べんか》】卞邑《べんゆう》出身の和氏《かし》のことで、中国・春秋《しゅんじゅう》時代の楚《そ》の人。歴代の王に玉璞《ぎょくはく》（宝《ほう》玉《ぎょく》になる原石）を献上《けんじょう》して偽物《にせもの》と判定《はんてい》され処罰《しょばつ》されたが、屈《くっ》せず訴《うった》え続け、ついには認《みと》められた。

『韓非子《かんぴし》』和氏篇《かしへん》によれば、卞和《べんか》は楚山《そざん》で玉璞《ぎょくはく》を得て楚《そ》の厲王《れいおう》に献上《けんじょう》した。しかし、玉人《ぎょくじん》（玉造《たまつく》り）にただの石と鑑定《かんてい》されたため、卞和は王を欺《あざむ》く者として左足を切られてしまった。次に武王《ぶおう》が即位したとき、卞和は再び玉璞を献上したが、また、ただの石と鑑定され、今度は右足を切られてしまった。次に文王《ぶんおう》が即位したとき、卞和は楚山《そざん》の麓《ふもと》で三日三晩、声を上げて泣き、ついに涙が枯《か》れて血を流して泣いた。それを聞いた王が訳《わけ》を尋《たず》ねたところ、卞和は「自分は両足を切られたから悲しいのではない。正直者なのに、たばかり者とされたことが悲しい」と答えた。そこで王が玉璞を磨《みが》かせたところ、すばらしい宝玉《ほうぎょく》となった。

〈注2〉【伍子胥《ごししょ》】中国・春秋《しゅんじゅう》時代の末《まつ》の、呉《ご》の国の策略家《さくりゃくか》。

『春秋左氏伝《しゅんじゅうさしでん》』などによれば、呉《ご》が斉《せい》を討《う》とうとしたとき、越王《えつおう》の勾践《こうせん》が贈り物をたずさえて挨拶《あいさつ》にきた。呉の人々は喜んだが、伍子胥《ごししょ》だけは呉王《ごおう》の夫差《ふさ》に「越《えつ》が従順な態度でわが国に仕えているのは、わが国を滅《ほろ》ぼさんとする野望《やぼう》のためである。斉を討《う》つよりも、今のうちに越を討たなければ、わが国はきっと滅びるだろう」と諌言《かんげん》した。夫差がこれを聴き入れなかったために、伍子胥は、わが子だけはいずれ滅びる呉から逃《のが》れさせようと斉の知人にあずけて改姓《かいせい》させた。これを聞いた夫差は、奸臣《かんしん》の讒言《ざんげん》もあって、伍子胥に剣《つるぎ》を与えて自殺させた。伍子胥は死ぬときに「わが墓《はか》に梓《あずさ》の木を植えよ。呉が滅びるときに王の棺《ひつぎ》を作る材料となるだろう」と言い残したという。十一年後、呉は越に滅ぼされ、夫差は自殺した。

〈注3〉【一閻浮提《いちえんぶだい》】人間が住む全世界。古代インドの世界観において、世界の中心とされる須弥山《しゅみせん》から同心円状に八重にひろがる海の最も外側の大海中にある四大洲《しだいしゅう》の一つ。南方にあるので南《なん》閻浮提ともいう。単に閻浮提ともいう。もとは、インドの地を意味したが、転じて人間が住む世界全体を意味するようになった。

〈注4〉【広宣流布《こうせんるふ》】仏法を広く宣《の》べ流布すること。法華経薬王菩薩本事品《やくおうぼさつほんじほん》第二十三には「我滅度《われめつど》して後《のち》、後《のち》の五百歳《ごひゃくさい》の中《うち》、閻浮提《えんぶだい》に広宣流布して、断絶《だんぜつ》して悪魔《あくま》・魔民《まみん》・諸天《しょてん》・竜《りゅう》・夜叉《やしゃ》・鳩槃荼《くはんだ》等《とう》に其《そ》の便《たより》を得《え》しむること無《な》かれ」（法華経六〇一㌻）とあり、「後の五百歳」、すなわち末法《まっぽう》において妙法《みょうほう》を全世界（閻浮提）に広宣流布していくべきであると説《と》かれている。

〈注5〉【一闡提《いっせんだい》】サンスクリットのイッチャンティカの音写。誤《あやま》った欲望《よくぼう》や考えにとらわれて正しい教えを信じようとしない人。

〈注6〉【謗法《ほうぼう》】誹謗正法《ひぼうしょうほう》の略。正法、すなわち釈尊《しゃくそん》の教えの真意を説《と》いた法華経を信じず、かえって反発し、悪口《わるくち》を言うこと。日蓮大聖人は、文字通り正法を謗《そし》ることを謗法とするだけでなく、たとえ法華経を信じていても、法華経を爾前権経《にぜんごんきょう》より劣《おと》る、あるいは同等であると位置づけて受容《じゅよう》することも、釈尊が法華経を一切経《いっさいきょう》に対して第一とした教判《きょうはん》に背《そむ》くので謗法とされている。そして、諸宗が犯《おか》しているこの謗法こそが仏法上、最も重い罪《つみ》であると人々や社会に対して明示され、その誤《あやま》りを呵責《かしゃく》された。

〈注7〉【由旬《ゆじゅん》】サンスクリットのヨージャナの音写で、御書本文の「由善那《ゆぜんな》」（三三五ジペー）も音写語。インドの長さの単位。帝王《ていおう》が一日に行軍《こうぐん》する距離《きょり》と言われる。

## 第11段　多宝《たほう》や諸仏《しょぶつ》の保証《ほしょう》は末法《まっぽう》のため

（御書三三五ジペー十一行目～三三六ジペー一行目）

疑問《ぎもん》を述べる。多宝如来《たほうにょらい》が保証《ほしょう》を与えたり、十方《じっぽう》の世界から来た仏たちが長い舌を伸ばして保証を助けたり、地涌《じゆ》の菩薩《ぼさつ》が大地を割《わ》って出現したことは、誰《だれ》のためであるのか。

答える。世間《せけん》一般の考えでは、「釈尊《しゃくそん》の存命中《ぞんめいちゅう》の時代の者のためである」と思っている。

以下、私の意見を述べよう。

舎利弗《しゃりほつ》や目連《もくれん》らは、現世《げんぜ》のすがたから言えば、それぞれ智慧《ちえ》第一、神通《じんずう》第一と呼ばれた偉大な聖者《せいじゃ》である。過去世《かこせ》のすがたから言えば、金竜陀仏《こんりゅうだぶつ》や青竜陀仏《しょうりゅうだぶつ》〈注1〉である。未来世《みらいせ》のすがたから言えば、華光如来《けこうにょらい》〈注2〉などである。霊鷲山《りょうじゅせん》〈注3〉でのすがたから言えば、三惑《さんわく》〈注4〉をすみやかに断《た》ち切った偉大な菩薩《ぼさつ》〈注5〉である。本来の境地から言えば、内面では菩薩としての修行を行いながら外には声聞《しょうもん》としてのすがたを現《あらわ》した過去世からの菩薩である〈注6〉。文殊師利《もんじゅしり》菩薩や弥勒《みろく》菩薩らといった偉大な菩薩たちは、過去世にすでに成仏《じょうぶつ》した昔からの仏〈注7〉であり、釈尊《しゃくそん》の時代に仮《かり》に菩薩として現《あらわ》れたのである。大梵天王《だいぼんてんのう》・帝釈天《たいしゃくてん》・日天《にってん》・月天《がってん》・四天王《してんのう》らは、釈尊が覚《さと》りを開く前からの偉大な聖《せい》者《じゃ》である。その上、法華経より前に説《と》かれた前四味《ぜんしみ》の教え〈注8〉に含《ふく》まれる四種類の教《きょう》〈注9〉を、一言聞いただけで理解したのである。

このように、釈尊《しゃくそん》の存命中《ぞんめいちゅう》の時代には智慧《ちえ》のない人は一人もいない。誰《だれ》の疑《うたが》いを晴らすために、多宝仏《たほうぶつ》に保証《ほしょう》してもらったり、仏たちが長い舌を出したり、地涌《じゆ》の菩薩《ぼさつ》たちを呼び出す必要があったのだろうか。どう見ても、そのような必要はない。

したがって、経文には〈注10〉「まして仏（釈尊《しゃくそん》）が亡《な》くなった後ではなおさらである」（法師品《ほっしほん》）とか「法《ほう》を長期にわたって存続させる〔令法久住《りょうぼうくじゅう》〕」（見宝塔品《けんほうとうほん》）などとある。これらの経文から考えると、（多宝仏《たほうぶつ》の保証《ほしょう》などは）私たちのためにこそ必要だったのである。

したがって、天台大師《てんだいだいし》は今の時代を指して「後《のち》の五百年という未来にも、長遠《ちょうおん》に妙法の利益《りやく》を受けるだろう」（『法華文句《ほっけもんぐ》』）と言っている。伝教大師《でんぎょうだいし》（最澄《さいちょう》）〈注11〉は今の時代を予言《よげん》して「正法《しょうほう》・像法《ぞうほう》はほとんど過ぎ去り、末法《まっぽう》の時代がすぐそこまで近づいている（末法太有近《まっぽうたうごん》）」（『守護国界章《しゅごこっかいしょう》』〈注12〉）と言っている。「末法太有近」という五字は、伝教大師ご自身の時代は法華経が流布《るふ》する時代ではないという言葉である。

## ◇注　解◇

〈注1〉【金竜陀仏《こんりゅうだぶつ》や青竜陀仏《しょうりゅうだぶつ》】詳細は不明だが、舎利弗《しゃりほつ》や須菩提《しゅぼだい》などの仏弟子《ぶつでし》の過去の本《ほん》地《じ》は仏であったとの言い伝えがあったようである。『法華文句《ほっけもんぐ》』巻一上に「若《も》し身子《しんじ》の化《け》を見れば、則《すなわ》ち竜陀《りゅうだ》の本《ほん》を見る（もし舎利弗の姿を見れば金竜陀仏の本地を見る）」とある。これについて『法華文句記《ほっけもんぐき》』巻一では、舎利弗が金竜陀仏であるとするのは大宝積経《だいほうしゃっきょう》にあるとの伝承《でんしょう》を紹介している（実際には大宝積経になく出典は不明）。また同書ではあわせて「須《しゅ》菩提《ぼだい》は是《こ》れ東方青竜陀仏なり」との真諦《しんだい》の説《せつ》を紹介している（これも出典は不明）。

〈注2〉【華光如来《けこうにょらい》】舎利弗《しゃりほつ》の成仏《じょうぶつ》した時の名。法華経譬喩品《ひゆほん》第三で、未来に仏になる時の名として示された。

〈注3〉【霊鷲山《りょうじゅせん》】古代インドのマガダ国の都《みやこ》ラージャグリハ（王舎城《おうしゃじょう》）の東北にある岩山であるグリドゥラクータのこと。法華経の説法《せっぽう》が行われたとされる。法華経本門寿量品《ほんもんじゅりょうほん》では、久遠《くおん》の本仏《ほんぶつ》が説法の場に集った者とともに常住《じょうじゅう》する国土とされ、霊山浄土《りょうぜんじょうど》と呼ばれる。

〈注4〉【三惑《さんわく》】煩悩《ぼんのう》を見思惑《けんじわく》・塵沙惑《じんじゃわく》・無明惑《むみょうわく》の三つに分けたもの。①見思惑は、見惑《けんわく》と思惑《しわく》のことで、見惑とは偏《かたよ》ったり誤《あやま》った見識《けんしき》・思考にかかわる煩悩、思惑とは感情にかかわる煩悩。②塵沙惑とは、菩薩《ぼさつ》が人々を教え導《みちび》くのに障害《しょうがい》となる無数の煩悩のこと。③無明惑とは、仏法の根本の真理に暗い根源《こんげん》的な無知《むち》。

〈注5〉【三惑《さんわく》をすみやかに断《た》ち切《き》った偉大な菩薩《ぼさつ》】舎利弗《しゃりほつ》や目連《もくれん》など四大声聞《しだいしょうもん》は、法華経の迹門《しゃくもん》の開三顕一《かいさんけんいち》の法門を聞いて、唯一《ゆいいつ》真実の大乗《だいじょう》である法華経を信受《しんじゅ》するようになったので、菩薩となり仏の真実の弟子となった。また、本門《ほんもん》において略開近顕遠《りゃくかいごんけんのん》の法門を聞いて、久遠《くおん》以来の釈尊《しゃくそん》の教化《きょうけ》を思い起こし、煩悩《ぼんのう》をすべて断ち切っている等覚《とうがく》の位《くらい》に登った。

〈注6〉【本来の境地から言えば……過去世《かこせ》からの菩薩《ぼさつ》である】法華経五百弟子受記品《ごひゃくでしじゅきほん》第八には、富楼那《ふるな》たちについて「内《うち》に菩薩の行《ぎょう》を秘《ひ》し　外《そと》に是《こ》れ声聞《しょうもん》なりと現《げん》ず」（法華経三三〇㌻）とある。

〈注7〉【文殊師利菩薩《もんじゅしりぼさつ》や弥勒菩薩《みろくぼさつ》ら……成仏《じょうぶつ》した昔からの仏】文殊師利菩薩については、『法華文句《ほっけもんぐ》』巻二に悲華経《ひけきょう》を引いて、過去世《かこせ》に宝蔵仏《ほうぞうぶつ》に授記《じゅき》されて仏の境地を既《すで》に得ていながら、釈尊《しゃくそん》の在世《ざいせ》には釈尊の化導《けどう》を助けるために菩薩の姿を取っていることが記されている。弥勒菩薩については、日寛上人《にちかんしょうにん》は『取要抄文段《しゅようしょうもんだん》』で『録内啓蒙《ろくないけいもう》』の「まさしく当てはまる経文はないけれども文殊や観音《かんのん》に準《じゅん》じていわれたもの」とする説《せつ》を紹介している（文段集五八六㌻）。

〈注8〉【法華経より前に説《と》かれた前四味《ぜんしみ》の教え】第8段〈注3〉を参照。

〈注9〉【四種類の教《きょう》】天台大師智顗《てんだいだいしちぎ》が諸経に説《と》かれる教えを内容から四つに分類した「化《け》法《ほう》の四教《しきょう》」のこと。蔵教《ぞうきょう》・通教《つうぎょう》・別教《べっきょう》・円教《えんぎょう》の四つ。①蔵教とは三蔵教《さんぞうきょう》で小乗《しょうじょう》の教え。②

通教とは大乗《だいじょう》の初歩的な教えで三乗《さんじょう》すべてに通用するもの。③別教とは菩薩《ぼさつ》のためだけの大乗の高度な教え。④円教とは完全な最も優《すぐ》れた教え。法華経は、この四つのうち完全で誤《あやま》りのない教えである円教に分類されるが、これらの四つを超《こ》えた究極の教えと位置づけられることもある。ここでは後者の立場。

〈注10〉【したがって、経文には】 御書本文は「経文に随《したが》って『況滅度後《きょうめつどご》・令法久住《りょうぼうくじゅう》』等云云」（三三五㌻）。御真筆《ごしんぴつ》は「随経文況滅度後……」。ここは、次の「随って天台大師当世《てんだいだいしとうせい》を指して云《いわ》く『後《のち》の五百歳遠く妙道《みょうどう》に沾《うるお》わん』」（同㌻、随天台大師指当世云……）と同じく、法華経の多宝《たほう》や諸仏の保証が在世《ざいせ》のためではなく滅後末法《めつごまっぽう》のためであることを示す文証《もんしょう》を挙《あ》げている。それ故、「随って経文には」との趣旨で現代語訳した。

〈注11〉【伝教大師《でんぎょうだいし》（最澄《さいちょう》）】 七六七年あるいは七六六年〜八二二年。平安《へいあん》初期の僧《そう》で、日本天台宗《てんだいしゅう》の開祖。伝教大師は没後《ぼつご》贈《おく》られた称号。比叡山《ひえいざん》を拠点《きょてん》（後の延暦寺《えんりゃくじ》、現在の滋賀県大《しがけんおお》津《つ》市）として修行し、その後、唐《とう》に渡って天台教学と密教《みっきょう》を学ぶ。帰国後、法華経を根本とする天台宗を開創《かいそう》した。晩年《ばんねん》は大乗戒壇《だいじょうかいだん》の設立を目指して諸宗から反発にあうが、没後七日目に勅許《ちょっきょ》が下り、実現した。主著に『守護国界章《しゅごこっかいしょう》』『顕戒論《けんかいろん》』『法華秀句《ほっけしゅうく》』など。

〈注12〉【『守護国界章《しゅごこっかいしょう》』】 伝教大師《でんぎょうだいし》の著作。三巻。法相宗《ほっそうしゅう》の得一《とくいつ》が三乗差別《さんじょうさべつ》の立場から天台《てんだい》大師の宗義《しゅうぎ》を批判《ひはん》したことを破折《はしゃく》し、法華一乗平等《ほっけいちじょうびょうどう》の立場から天台の正義を明らかにした。

# 大段第三　末法流布《まっぽうるふ》の大法《だいほう》を明かす

（御書三三六ジペー一行目～三三八ジペー五行目）

# 第12段　三大秘法《さんだいひほう》を明かす

（御書三三六ジペー一二行目～六行目）

質問する。仏である釈尊《しゃくそん》が亡《な》くなってから二千年余《あま》りの間、竜樹《りゅうじゅ》・天親《てんじん》や天《てん》台大師《だいだいし》・伝教大師《でんぎょうだいし》が明らかにしなかった秘密の教えとは何か。

答える。法華経本門《ほんもん》の本尊と戒壇《かいだん》と「妙法蓮華経」という題目の五字である。

質問する。正法《しょうほう》・像法《ぞうほう》の時代にはなぜ広めなかったのか。

答える。正法《しょうほう》・像法《ぞうほう》の時代に広めれば、小乗《しょうじょう》・権大乗《ごんだいじょう》・法華経迹門《しゃくもん》の教えがいっぺんに消滅《しょうめつ》しただろう〈注1〉。

質問する。仏の教えを消滅《しょうめつ》させる教えを、なぜ広めるのか。

答える。末法《まっぽう》の時代には、大乗《だいじょう》も小乗《しょうじょう》も、権教《ごんきょう》も実教《じっきょう》も、顕教《けんきょう》も密教《みっきょう》も、ともに教えだけがあって、それによって覚《さと》りを得ることはない。一閻浮提《いちえんぶだい》の者は皆《みな》、謗法《ほうぼう》の者となってしまったのである。逆縁《ぎゃくえん》〈注2〉の者のために、ただ妙法蓮華経の五字だけを広めるのである。例を挙《あ》げれば、不軽品《ふきょうぼん》に説《と》かれていることと同じである〈注3〉。私の弟子たちは順縁《じゅんえん》の者であるが、それ以外の日本の人々は逆縁である。

## ◇注　解◇

大段第二では、法華経が末法《まっぽう》のため、なかんずく日蓮大聖人のために説《と》かれたことが明かされた。この大段第三では、末法に広めるべき法華経とは、法華経の肝要《かんよう》であり、具体的には本門《ほんもん》の本尊と戒壇《かいだん》と題目という三大秘法《さんだいひほう》であることが示される。

〈注1〉**【正法《しょうほう》・像法《ぞうほう》の時代に広めれば、小乗《しょうじょう》・権大乗《ごんだいじょう》・法華経迹門《しゃくもん》の教えがいっぺんに消《しょう》滅《めつ》しただろう】**正法・像法の時代は、釈尊存命中《しゃくそんぞんめいちゅう》の法華経の説法《せっぽう》で下種《げしゅ》を受けた衆生《しゅじょう》が残っており、これらの種子を育てて得脱《とくだつ》させる時代である。それ故、その縁《えん》となる小乗・権大乗・法華経迹門などの教えを滅尽《めつじん》させるわけにはいかなかった。

なぜなら、もし南無妙法蓮華経が顕《あらわ》されれば、一切の教えはその当面のはたらきを失《うしな》い、その結果、正法《しょうほう》・像法《ぞうほう》の時代の衆生《しゅじょう》は、熟益《じゅくやく》の法を見失ってしまうことになるからである。このため、三大秘法《さんだいひほう》の開顕《かいけん》は、もはや在世下種《ざいせげしゅ》の衆生がいなくなる末法《まっぽう》という時を待たねばならなかった。

〈注2〉**【逆縁《ぎゃくえん》】**仏法に対して反発するという悪い行いがかえって仏道《ぶつどう》に入るきっかけとなること。

〈注3〉**【不軽品《ふきょうぼん》に説かれていることと同じである】**不軽菩薩《ふきょうぼさつ》の弘通《ぐつう》と日蓮大聖人の弘通と

の対比は、次の御文に示されている。

「例《れい》せば威音王仏《いおんのうぶつ》の像法《ぞうほう》の時・不軽菩薩《ふきょうぼさつ》・我深敬等《がじんきょうとう》の二十四字を以《もっ》て彼《か》の土《ど》に広宣流布《こうせんるふ》し一国の杖木等《じょうもくとう》の大難を招《まね》きしが如《ごと》し、彼の二十四字と此《こ》の五字と其《そ》の語殊《ことばこと》なりと雖《いえど》も其の意《こころ》是《こ》れ同じ彼の像法の末《まつ》と是の末法《まっぽう》の初《はじめ》と全く同じ彼の不軽菩薩《ふきょうぼさつ》は初随喜《しょずいき》の人・日蓮は名《みょう》字《じ》の凡夫《ぼんぷ》なり」（「顕仏未来記《けんぶつみらいき》」、御書五〇七ページ）

「過去の威音王仏《いおんのうぶつ》の像法《ぞうほう》に三宝《さんぼう》を知る者一人《いちにん》も無かりしに・不軽菩薩《ふきょうぼさつ》出現して教主《きょうしゅ》説き置き給《たま》いし二十四字を一切衆生《しゅじょう》に向《むか》って唱《とな》えしめしがごとし、彼《か》の二十四字を聞きし者は一人も無く亦《また》不軽大士《ふぎょうだいじ》に値《あ》って益《やく》を得たり、是《こ》れ則《すなわ》ち前の聞法《もんぽう》を下種《げしゅ》とせし故《ゆえ》なり、今も亦是《か》くの如《ごと》し、彼《かれ》は像法・此《こ》れは濁悪《じょくあく》の末法《まっぽう》・彼は初随喜《しょずいき》の行者《ぎょうじゃ》・此れは名字《みょうじ》の凡夫《ぼんぷ》・彼は二十四字の下種《げしゅ》・此れは唯《ただ》五字なり」（「教行証御書《きょうぎょうしょうごしょ》」、御書一二七六ページ）

これらの御文に述べられている、不軽菩薩《ふきょうぼさつ》の弘通《ぐつう》と大聖人の弘通との共通点は、次の諸点に整理できる。

①教《きょう》。法華経の要法《ようぼう》を広める（ただし不軽菩薩《ふきょうぼさつ》の「二十四字の法華経」は法華経一部の要旨《ようし》であり、広《こう》・略《りゃく》・要《よう》でいえば〝略〟に当たるのに対して、大聖人の「妙法蓮華経の五字」は法華経の所詮《しょせん》の法体《ほったい》であり、真の意味での〝要〟に当たる）。

②機《き》。逆縁《ぎゃくえん》の衆生《しゅじょう》への化導《けどう》。衆生の機根《きこん》が劣悪《れつあく》であり、ただちに法華経を説《と》いて衆生に反発されても縁を結ばせる逆縁の化導を中心に行った。

③時《じ》。仏の亡くなった後の乱れた世の中に出現し難を耐《た》え忍《しの》んで弘通《ぐつう》した。

④行者《ぎょうじゃ》の位《くらい》。不軽菩薩《ふきょうぼさつ》は初随喜《しょずいき》の位、大聖人は名字即《みょうじそく》の位という、菩薩として初信《しょしん》の位であった。

不軽菩薩《ふきょうぼさつ》の実践は、仏の滅後《めつご》の悪世における法華経弘通《ぐつう》の方軌《ほうき》を示しており、大聖人もこの方軌に則《のっと》って法華経を弘通されている。それ故、不軽品《ふきょうぼん》を御自身の弘通の例とされている。

# 第13段　三大秘法《さんだいひほう》だけを取る理由

（御書三三六ジペ六行目～十一行目）

疑問《ぎもん》を述べる。どうして詳細《しょうさい》なもの〔広《こう》〕や簡略《かんりゃく》なもの〔略《りゃく》〕を捨《す》てて、肝《かん》要《よう》のもの〔要《よう》〕を採用《さいよう》するのか。

答える。玄奘三蔵《げんじょうさんぞう》は簡略《かんりゃく》なものを捨《す》てて、詳細《しょうさい》なものを好んだ。鳩摩羅什《くまらじゅう》〈注1〉の翻訳《ほんやく》では四十巻であった大品般若経《だいぼんはんにゃきょう》〈注2〉を、改《あらた》めて翻訳《ほんやく》して六百巻にした。羅什三蔵は詳細なものを捨てて、簡略なものを好んだ。直訳《ちょくやく》すれば千巻あると言われる『大智度論《だいちどろん》』を百巻にした。私は、詳細なものも簡略なものも捨てて、肝要《かんよう》のものを好む。すなわち、上行菩薩《じょうぎょうぼさつ》が伝えた妙法蓮華経の五字である。

九方堙《きゅうほういん》〈注3〉が馬を鑑定《かんてい》する方法は、黄色の馬か黒馬《くろうま》かといった外見は気にせず、走る能力だけを見抜いて、すぐれた馬を選び取るというものであった。支道林《しどうりん》〈注4〉が経典を講義する時は、細かい部分は省略《しょうりゃく》して、経典の趣旨《しゅし》を明らかにした。

（法華経本門《ほんもん》では）仏である釈尊《しゃくそん》は、すでに宝塔《ほうとう》に入《はい》って多宝如来《たほうにょらい》と並んでお座《すわ》りになり、分身《ふんじん》の仏たちも集まって来たところで、地涌《じゆ》の菩薩《ぼさつ》を呼び出し、肝《かん》要《よう》のものを選び取って、末代《まつだい》のために、妙法蓮華経の五字を授《さず》けたのである。このことは、今の時代、異論《いろん》のないはずである。

## ◇注　解◇

〈注1〉【鳩摩羅什《くまらじゅう》】三四四年〜四一三年（一説に三五〇年〜四〇九年）。サンスクリットのクマーラジーヴァの音写。中国・後秦《こうしん》の訳経僧《やっきょうそう》。羅什三蔵《らじゅうさんぞう》とも呼ばれる。インド出身の貴族《きぞく》である父と亀茲《きじ》（クチャ）国の王族である母との間に生まれ、諸国を遊歴《ゆうれき》して仏法を学ぶ。後秦《こうしん》の王・姚興《ようこう》に迎《むか》えられて長安《ちょうあん》に入《はい》り、その保護の下に国師《こくし》の待遇《たいぐう》を得て、多くの訳経《やっきょう》に従事した。訳経数は『開元釈教録《かいげんしゃっきょうろく》』によると七十四部三百八十四巻にのぼり、代表的なものに妙法蓮華経・維摩経《ゆいまきょう》・大品般若経《だいぼんはんにゃきょう》・『大智度論《だいちどろん》』などがある。その訳文は、内容が秀《しゅう》抜《ばつ》で文体が簡潔《かんけつ》なことから、後世まで重用された。

〈注2〉【大品般若経《だいぼんはんにゃきょう》】般若経の漢訳の一つで、中国・後秦《こうしん》の鳩摩羅什訳《くまらじゅうやく》。二十七巻。天台《てんだい》教学における五時《ごじ》のうち般若時の代表的な経典。第2段〈注6〉を参照。

〈注3〉【九方堙《きゅうほういん》】御書本文は「九包淵《きゅうほうえん》」（三三六ページ）。御真筆《ごしんぴつ》は「九包淵」に「キウハウエン」と振《ふ》り仮名《がな》が記されている。九方堙を似通《にかよ》った音をもつ字で表記されたものと思われる。九方堙は、中国・春秋《しゅんじゅう》時代の馬の鑑定家《かんていか》。秦《しん》の穆公《ぼくこう》に名馬を求められ、三カ月後に黄色い雌《めす》の良馬《りょうば》を得たと報告した。しかし実際は黒い雄馬《おすうま》であったため、公は伯楽《はくらく》に真偽《しんぎ》をたずねた。伯楽は、九方堙の見たのは馬の天性《てんせい》の気質であり、内《うち》にあるものを見て外を忘《わす》れた結果であると答えた。後日《ごじつ》、九方堙の選んだ馬は天下の名馬になったという。

〈注4〉**【支道林《しどうりん》】**三一四年～三六六年。支遁《しとん》ともいう。中国・東晋《とうしん》の学僧《がくそう》。幼《おさな》い時から聡明《そうめい》で、二十五歳で出家《しゅっけ》する。各地《かくち》で名声を得て、棲光寺《せいこうじ》など多くの寺を建《た》てた。般若経《はんにゃきょう》や維摩経《ゆいまきょう》の解説者《かいせつしゃ》として名声を博《はく》し、安般守意経《あんぱんしゅいきょう》などの禅経《ぜんきょう》を注釈し、『即色遊玄論《そくしきゆげんろん》』『学道誡《がくどうかい》』などを著《あらわ》した。

# 第14段　広宣流布《こうせんるふ》の前触《まえぶ》れ

（御書三三六ジペ十二行目〜三三七ジペ十八行目）

疑問《ぎもん》を述べる。今の時代にこの教えを流布《るふ》するなら、前触《まえぶ》れがあるのか。

答える。法華経には「（仏だけがあらゆる現象の真実のすがたを知っている。すなわち、あらゆる現象は）このようなすがたであるとか〔如是相《にょぜそう》〕〈中略〉このように最初から最後まで完全に一致《いっち》している〔本末究竟等《ほんまつくきょうとう》〕（といったことを知っている）」（方便品《ほうべんぽん》）とある。

天台大師《てんだいだいし》は「クモがやってくれば、喜《よろこ》ばしいことが起こり、カササギが鳴けば、来客がある。小さな事でさえ、このように前触《まえぶ》れがある。まして、大きな事が起こる場合は、なおさらである」（『法華玄義《ほっけげんぎ》』、取意）と言っている。

質問する。もしそうであるなら、あなたの言う前触《まえぶ》れはあるのか。

答える。正嘉《しょうか》の時代の大地震《おおじしん》〈注1〉、文永《ぶんえい》の大彗星《だいすいせい》〈注2〉、それ以後、現在まで、天空でも地上でも種々の大きな異常《いじょう》現象が続いている。これらが前触《まえぶ》れである。

仁王経《にんのうきょう》〈注3〉に説《と》かれる七つの災難《さいなん》〈注4〉・二十九の災難〈注5〉・数え切れないほどの災難という三種類の災難も、金光明経《こんこうみょうきょう》・大集経《だいじっきょう》〈注6〉・守護経《しゅごきょう》〈注7〉・薬師経《やくしきょう》〈注8〉などさまざまな経典に挙《あ》げられているさまざまな災難も、すべて現実に起きている。

ただし、これまでになかったのは、太陽が二つ出るとか三つ・四つ・五つ出るといった大きな災難《さいなん》であった。しかし、今年、佐渡国《さどのくに》の住民が話すところでは、「今年の正月二十三日の申《さる》の時（午後四時ごろ）に、西の方角に二つの太陽が出現した」という。「三つの太陽が出現した」と言う者もいる。「二月五日に、東の方角に、明星《みょうじょう》が二つ並《なら》んで出現した。その間隔《かんかく》は三寸（約十センチメートル）ほどであった」とも言っている。このような大きな災難は、日本にはこれまでに一度もなかったのではないか。

最勝王経《さいしょうおうきょう》〈注9〉の王法正論品《おうほうしょうろんぼん》には「異常《いじょう》な流星が空から落ち、同時に二つの太陽が出現する。国外の敵がやって来て、人々の命が失われる」とある。

首楞厳経《しゅりょうごんぎょう》〈注10〉には「二つの太陽を見たり、二つの月を見たりする」とある。

薬師経《やくしきょう》には「日月薄蝕《にちがつはくしょく》（太陽・月が翳《かげ》ったり蝕したりする）の難《なん》」とある。

金光明経《こんこうみょうきょう》には「彗星《すいせい》が何度も出て、二つの太陽が並《なら》んで現《あらわ》れ、日食・月食が不規則に起こる」とある。

大集経《だいじっきょう》には「仏の教えが本当に消え失《う》せてしまったので〈中略〉太陽や月も明るさを失《うしな》った」とある。

仁王経《にんのうきょう》には「太陽や月は正常《せいじょう》さを失《うしな》い、季節のめぐりが逆転《ぎゃくてん》する。赤い太陽が出たり、黒い太陽が出たり、二つの太陽や三つ・四つ・五つの太陽が出たりする。日食が起こって光がなくなったり、太陽に暈《かさ》（光の輪《わ》）がかかったり、その暈が二つ・三つ・四つ・五つになったりする」とある。

この太陽や月などの災難《さいなん》は、仁王経《にんのうきょう》の七つの災難・二十九の災難・数え切れないほどの災難という三種類の災難の中でも、最悪の大きな災難である〈注11〉。

質問する。これらの大・中・小のさまざまな災難《さいなん》は、どのような理由で起きるのか。

答える。最勝王経《さいしょうおうきょう》には「正しくないことを行う人に対して敬愛《けいあい》の念を抱《いだ》き、良いことを行う人を苦しめ罰《ばっ》する」とある。

法華経にも、涅槃経《ねはんぎょう》にも、金光明経《こんこうみょうきょう》にも同様のことが説《と》かれている〈注12〉。

また、「悪い人に敬愛《けいあい》の念を抱《いだ》き善《よ》い人を罰《ばっ》するので、天体や気象《きしょう》が規則正しくめぐらない」とある。

大集経《だいじっきょう》には「仏の教えが本当に消え失《う》せてしまったので〈中略〉このような悪い行いの悪王・悪僧《あくそう》は、私（釈尊《しゃくそん》）の正しい教えを破壊《はかい》する」とある。

仁王経《にんのうきょう》には「聖人《しょうにん》が去る時には、七難《しちなん》が必ず起こる」とある。また、「法律《ほうりつ》にもとづかないで僧侶《そうりょ》を捕縛《ほばく》して囚人《しゅうじん》のように扱《あつか》う。その時、仏法は長続きせず滅《ほろ》んでしまう」とある。また、「悪僧《あくそう》らは、名声と利益《りえき》を多く求め、国王・太子・王子の前で、自分から仏法を破壊《はかい》し国を破滅《はめつ》させる原因となる教えを説くだろう。その王は正邪《せいじゃ》を区別できず彼らの言葉を正しいものと認《みと》める」とある。

こうした曇《くも》りのない鏡《かがみ》をもってきて、今の時代の日本に向けると、そこに日本の天地のありのままが現《あらわ》れていることは、まるで割《わ》り符《ふ》を合わせたようである。私の弟子で、文字が読めるほどの者は〈注13〉、このことを見なさい。この国に悪い僧侶《そうりょ》たちがいて、皇帝《こうてい》・王子・将軍《しょうぐん》らに向かって、無実《むじつ》の罪《つみ》で訴《うった》え、聖人を亡《な》き者にしようとしている時代であると分かるにちがいない。

質問する。弗舎密多羅王《ほっしゃみったらおう》〈注14〉や唐《とう》の会昌《かいしょう》時代の皇帝《こうてい》（武宗《ぶそう》）〈注15〉や物部守屋《もののべのもりや》〈注16〉らは、インド・中国・日本の仏法を滅《ほろ》ぼし、提婆菩薩《だいばぼさつ》〈注17〉や師子尊者《ししそんじゃ》〈注18〉らを殺害《さつがい》した。その時、なぜこうした大きな災難《さいなん》は起きなかったのか。

答える。災難《さいなん》は、それを引き起こす人によって、大きさの違《ちが》いがあるにちがいない。

正法《しょうほう》・像法《ぞうほう》の時代の二千年間は、悪王や悪僧《あくそう》らが、仏教以外の教えを用いたり、道教《どうきょう》の指導者〈注19〉と親しくしたり、邪悪《じゃあく》な神を信じたりして、仏法を滅《ほろ》ぼしたのは、重大なことのように見えるが、その罪《つみ》はまだ浅いものであったのだろうか。

今この時代の悪王や悪僧《あくそう》が仏法を滅《ほろ》ぼすのは、小乗《しょうじょう》によって大乗《だいじょう》を攻撃《こうげき》し、権教《ごんきょう》によって実教《じっきょう》を否定していることによる。人々の心を損《そこ》ないながら、身体を滅ぼすわけではない。寺院や仏塔《ぶっとう》を焼失《しょうしつ》させるわけではないが、自然にそれが廃《すた》れるようにしている。その過失《かしつ》は、以前の正法《しょうほう》・像法《ぞうほう》の時代を超《こ》えている。

# ◇注　解◇

〈注1〉【正嘉《しょうか》の時代の大地震《おおじしん》】正嘉元年（一二五七年）八月二十三日戌亥《いぬい》の刻《こく》、すなわち午後九時ごろ鎌倉《かまくら》地方を襲《おそ》った大地震のこと。この時の惨状《さんじょう》が「立正安国論《りっしょうあんこくろん》」を著《あらわ》される契機《けいき》となった。鎌倉時代の歴史書『吾妻鏡《あずまかがみ》』には、当時の様子が次のように記されている。「廿三日《にじゅうさん》乙巳《きのとみ》。晴。戌剋《いぬいのこく》に大いに地震《じふる》う。音有り。神社仏閣一宇《ぶっかくいちう》として全《まった》きは無《な》し。山岳《さんがく》頽崩《たいほう》し、人屋顚倒《じんおくてんどう》し、築地《ついじ》皆悉《みなことごと》く破損《はそん》す。所々地裂《さ》け、水涌《わ》き出《い》で、中下馬橋《なかのげばばし》の辺《へん》は地裂け破《やぶ》れ、其《そ》の中より火炎《かえん》燃《も》え出《い》ず。色青し云云《うんぬん》」

〈注2〉【文永《ぶんえい》の大彗星《だいすいせい》】文永元年（一二六四年）七月五日の大彗星を指す。日蓮大聖人の御《ご》在世《ざいせ》当時、彗星は時代・社会を一掃《いっそう》する変革《へんかく》をもたらすできごとの兆《きざ》しと考えられていた。

〈注3〉【仁王経《にんのうきょう》】漢訳には、後秦《こうしん》の鳩摩羅什《くまらじゅう》訳《やく》の仁王般若波羅蜜経《にんのうはんにゃはらみつきょう》と唐《とう》の不空《ふくう》訳の仁王護《にんのうご》国般若波羅蜜多経《こくはんにゃはらみったきょう》がある。二巻。正法《しょうほう》が滅《めっ》して思想が乱れる時、悪業《あくごう》のために受ける七難《しちなん》を示す。七難とは、①日月失度難《にちがつしつどなん》（太陽や月の異常《いじょう》現象）②星宿失度難《しょうしゅくしつどなん》（星の異常現象）③災《さい》火難《かなん》（種々《しゅじゅ》の火災《かさい》）④雨水難《うすいなん》（異常な降雨《こうう》・降雪《こうせつ》や洪水《こうずい》）⑤悪風難《あくふうなん》（異常な風）⑥亢陽難《こうようなん》（干《かん》ばつ）⑦悪賊難《あくぞくなん》（内外の賊による戦乱《せんらん》）。

これら災難《さいなん》を逃《のが》れるためには般若《はんにゃ》（仏の完全な智慧）を受持《じゅじ》することであるとして、五忍《ごにん》

(伏忍《ぶくにん》・信忍《しんにん》・順忍《じゅんにん》・無生忍《むしょうにん》・寂滅忍《じゃくめつにん》)などの菩薩《ぼさつ》の行法《ぎょうぼう》を説《と》いている。法華経・金光明経《こんこうみょうきょう》とともに護国三部経《ごこくさんぶきょう》といわれる。

〈注4〉【七つの災難《さいなん》】前注を参照。

〈注5〉【二十九の災難《さいなん》】仁王経《にんのうきょう》(不空訳《ふくうやく》)の七難《しちなん》を伝教大師最澄《でんぎょうだいしさいちょう》が『顕戒論《けんかいろん》』巻中でさらに細別したもの。①日月難《にちがつなん》に失度《しつど》・顔色改変《がんじきがいへん》・日体増多《にったいぞうた》・日月薄蝕《はくしょく》・重輪《じゅうりん》の五難。②星宿難《しょうしゅくなん》に失度・彗星《すいせい》・五星《ごせい》・昼出《ちゅうしゅつ》の四難。③衆火難《しゅうかなん》に竜火《りゅうか》・鬼火《きか》・人火《にんか》・樹火《じゅか》・大火《だいか》四起《しき》の五難。④時節難《じせつなん》に時候改変《じこうがいへん》・冬夏雨雪《とうかうせつ》・雨土石山《うどしゃくせん》・非時降雹《ひじこうばく》・雨水変色《うすいへんじき》・江河汎張《ごうがはんちょう》の六難。⑤大風数起難《だいふうさくきなん》に昏蔽日月《こんぺいにちがつ》・発屋抜樹《はつおくばつじゅ》・飛沙走石《ひしゃそうしゃく》の三難。⑥天地亢陽難《てんちこうようなん》に陂地竭涸《はじけっこ》・草木枯死《そうもくこし》・百穀不成《ひゃっこくふじょう》の三難。⑦四方賊来難《しほうぞくらいなん》に侵国内外《しんこくないげ》・兵戈競起《ひょうかきょうき》・百姓喪亡《ひゃくしょうそうもう》の三難。以上を合計して二十九の難となる。

〈注6〉【大集経《だいじっきょう》】中国・北涼《ほくりょう》の曇無讖《どんむしん》らが訳《やく》した大方等大集経《だいほうどうだいじっきょう》のこと。六十巻。大乗《だいじょう》の諸経を集めて一部の経としたもの。巻二十四には、国王が仏法を守護《しゅご》しないなら、穀貴《こっき》・兵革《ひょうかく》・疫病《えきびょう》の三災《さんさい》が起こると説《と》かれている。なお本経は、釈尊滅後《しゃくそんめつご》に正法《しょうほう》が衰退《すいたい》していく様相を五百年ごとに五つに区分する「五五百歳《ごごひゃくさい》」を説《と》き、これが日蓮大聖人の御在世《ございせ》当時の日本において、釈尊滅後二千年以降《いこう》を末法《まっぽう》とする根拠《こんきょ》とされた。

〈注7〉【守護経《しゅごきょう》】詳しくは守護国界主陀羅尼経《しゅごこっかいしゅだらにきょう》という。中国・唐《とう》の般若《はんにゃ》・牟尼室利《むにしり》の共訳《きょうやく》。国主を守護《しゅご》することが人民《じんみん》を守護することになるとの理《ことわり》を明かし、国主守護の功徳《くどく》が説《と》かれている。日本では空海《くうかい》が鎮護国家《ちんごこっか》の経として真言宗《しんごんしゅう》に取り入れ、講説《こうせつ》した。

〈注8〉【薬師経《やくしきょう》】中国・唐《とう》の玄奘訳《げんじょうやく》の薬師瑠璃光如来本願功徳経《やくしるりこうにょらいほんがんくどくきょう》をさす。仏が文殊菩薩《もんじゅぼさつ》に対して薬師如来《やくしにょらい》の功徳《くどく》を説《と》いた経。人衆疾疫《にんしゅしつえき》・他国侵逼《たこくしんぴつ》・自界叛逆《じかいほんぎゃく》・星宿変怪《しょうしゅくへんげ》・日月薄蝕《にちがつはくしょく》・非時風雨《ひじふうう》・過時不雨《かじふう》の七難《しちなん》を挙《あ》げ、薬師如来に供養《くよう》すればこの七難を逃《のが》れ、国が安穏《あんのん》になることを説いている。

〈注9〉【最勝王経《さいしょうおうきょう》】詳しくは金光明最勝王経《こんこうみょうさいしょうおうきょう》という。金光明経《こんこうみょうきょう》の漢訳の一つで、中国・唐《とう》の義浄訳《ぎじょうやく》。第3段〈注8〉を参照。

〈注10〉【首楞厳経《しゅりょうごんぎょう》】第2段〈注11〉を参照。

〈注11〉【この太陽や月などの災難《さいなん》は……最悪の大きな災難である】二つ日が出ることは、陰陽道《おんようどう》などでは、国に二王が並《なら》び立ち、世が乱《みだ》れる凶瑞《きょうずい》であるとされており、日蓮大聖人御在世《ございせ》当時の人々にとっては凶兆《きょうちょう》とされ、人心に深刻《しんこく》な不安をもたらしたのであった。

〈注12〉【金光明経《こんこうみょうきょう》にも同様のことが説《と》かれている】「金光明経に云《いわ》く」は直後の「悪人を愛《あい》敬《ぎょう》し善人を治罰《じばつ》するに由《よ》るが故に星宿《しょうしゅく》及び風雨皆時を以《もっ》て行われず」（御書三三七㌻）の出《しゅっ》典表示《てんぴょうじ》であると考えられるが、この文《もん》は金光明経（曇無讖訳《どんむしんやく》）ではなく、最勝王経《さいしょうおうきょう》からの引用であり、本来、直前の「非法を行ずる者を見て当《まさ》に愛敬を生じ善法を行ずる人に於《おい》て苦《く》楚《そ》して治罰す」（同㌻）に直接続く文である。

また、「悪人を愛敬《あいぎょう》し」云々の部分は、他の御書では最勝王経《さいしょうおうきょう》の引用をされていることから、「法華経に云《いわ》く・涅槃経《ねはんぎょう》に云く・金光明経《こんこうみょうきょう》に云く」（同ページ）全体が挿入句《そうにゅうく》と理解して現代語訳とした。

〈注13〉【文字が読めるほどの者は】御書本文は「眼《まなこ》有らん我《わ》が門弟《もんてい》」（御書三三七ページ）。ここでは経文などが明々白々で、見さえすれば分かるという意味に用いられている。

「大田殿許御書《おおたどのもとごしょ》」の「伝教大師《でんぎょうだいし》・依憑集《えびょうしゅう》を造《つく》って之《これ》を集む眼《まなこ》有らん者は開いて之《これ》を見よ」（御書一〇〇五ページ）、「下山御消息《しもやまごしょうそく》」の「眼有り耳有らん人は経文を見聞《けんもん》せよ」（御書三五一ページ）、「波木井三郎殿御返事《はきいさぶろうどののごへんじ》」の「経文赫赫《かくかく》たり眼有らん者は之を見るか」（御書一三七〇ページ）、「開目抄《かいもくしょう》」の「眼あらば経文に我《わ》が身をあわせよ」（御書二二八ページ）、「報恩抄《ほうおんしょう》」の「経文にこそ迷うとも天台《てんだい》・妙楽《みょうらく》・伝教大師の御《ご》れうけん《料簡》の後は眼あらん人人はしりぬべき事ぞかし」（御書二九五ページ）を参照。

以上にもとづき、意を取って「文字が読めるほどの者は」と現代語訳した。

〈注14〉【弗舎密多羅王《ほっしゃみったらおう》】弗舎密多羅はサンスクリットのプシュヤミトラの音写。紀元前一八〇年ごろ、マウリヤ朝《ちょう》を滅《ほろ》ぼしてシュンガ朝を興《おこ》した。バラモン教の復興《ふっこう》に努《つと》め、仏塔《ぶっとう》や伽藍《がらん》を破壊《はかい》し修行僧《そう》を殺戮《さつりく》するなどして仏教を迫害《はくがい》したと伝えられる。

〈注15〉【唐《とう》の会昌《かいしょう》時代の皇帝《こうてい》（武宗《ぶそう》）】八一四年～八四六年。中国・唐の第十五代皇帝。道《どう》教《きょう》を重んじ、会昌五年（八四五年）、大規模《だいきぼ》な仏教弾圧《だんあつ》を断行《だんこう》して、多くの寺塔《じとう》を破壊《はかい》し大《たい》量《りょう》の僧尼《そうに》を還俗《げんぞく》させた。これを「会昌の廃仏《はいぶつ》」といい、三武一宗《さんぶいっそう》の法難《ほうなん》（北魏《ほくぎ》の太武帝《たいぶてい》、北《ほく》周《しゅう》の武帝《ぶてい》、唐の武宗、後周《こうしゅう》の世宗《せいそう》）の一つにあたる。その理由は、寺塔《じとう》の建立《こんりゅう》と僧尼《そうに》の免税《めんぜい》が国家財政を疲弊《ひへい》させたことや仏教教団内部の腐敗堕落《ふはいだらく》などとされる。

〈注16〉【物部守屋《もののべのもりや》】古代の大氏族《だいしぞく》・物部氏の有力者（五八七年没）。日本に百済《ひゃくさい》から仏教がもたらされた際、その受容《じゅよう》に反対し、崇仏派《すうぶつは》の蘇我《そが》氏と対立したと伝えられる。用明天皇《ようめいてんのう》死後、穴穂部皇子《あなほべのおうじ》を立てようとして蘇我氏と争《あらそ》ったが、かえって滅《ほろ》ぼされた。

〈注17〉【提婆菩薩《だいばぼさつ》】聖《しょう》提婆（アーリヤデーヴァ）、迦那《かな》提婆ともいう。付法蔵《ふほうぞう》の第十四祖。三世紀ごろの南インドの人で、竜樹《りゅうじゅ》の弟子。南インドで外道《げどう》に帰依《きえ》していた王を破折《はしゃく》したり、他学派の論師《ろんじ》を多数破折したが、一人の凶悪《きょうあく》な外道に恨《うら》まれて殺《ころ》された。主著『百論《ひゃくろん》』は、三論宗《さんろんしゅう》のよりどころとされた。

〈注18〉【師子尊者《ししそんじゃ》】アーリヤシンハのこと。付法蔵《ふほうぞう》の最後の人（第二十三祖）。六世紀ごろの中《ちゅう》インドの人。罽賓国《けいひんこく》（カシュミール地方）で仏法を流布《るふ》していた時、国王・檀弥羅《だんみら》の仏教弾圧《だんあつ》により首を斬《き》られたが、師子尊者の首からは一滴《てき》の血も流れず、ただ白い乳《ちち》のみが流れ出たという。

〈注19〉【道教《どうきょう》の指導者】道教は中国民族固有《みんぞくこゆう》の宗教で、主に不老長寿や現世利益《げんぜりやく》をめざし、長生術《ちょうせいじゅつ》・養生法《ようじょうほう》・呪い・占《うらな》い・易《えき》などを行う。中国古来の鬼神《きじん》観念や神仙《しんせん》思想などを基《もと》に、道家《どうか》の老荘《ろうそう》思想、仏教教理などを取り入れて発展《はってん》した。中国では儒教《じゅきょう》や仏教と対立してきた。

# 第15段　末法《まっぽう》広宣《こうせん》流布《るふ》は疑《うたが》いない

（御書三三七ジペー十八行目～三三八ジペー五行目）

（338）

私の弟子たちは、これを見て、法華経を信用しなさい。目を剥《む》いて〈注1〉鏡《かがみ》に向かいなさい。（鏡に映《うつ》る像《ぞう》が目を剥いているのは、もともと自分が目を剥いているからである。同様に）天が目を剥いているのは、人に過失《かしつ》があるからである。

二つの太陽が並んで出現するのは、一国に二人の国王が同時にいる前触《まえぶ》れである。王と王が争《あらそ》うのである。星が太陽や月の光を遮《さえぎ》るのは、臣下《しんか》が王の座を揺《ゆ》るがす前触れである。太陽と太陽が競《きそ》うように出現するのは、地上の全世界〔四天下《してんげ》〕で同じように争いが起こるということである。明星《みょうじょう》が並《なら》んで出現するのは、皇太子《こうたいし》と皇太子が争うということである。

このように国土が乱《みだ》れた後、上行菩薩《じょうぎょうぼさつ》らの聖人《しょうにん》が出現して、法華経本門《ほんもん》の三つの教えを打ち立て、全世界〔一四天《いちしてん》・四海《しかい》〕一同に妙法蓮華経が広宣流布《こうせんるふ》することは疑《うたが》いのないことではないか。

文永《ぶんえい》十一年五月

花押《かおう》

## ◇注　解◇

〈注1〉**【目を剝《む》いて】** 御書本文は「目を瞋《いか》らして」（御書三三七ジペー）。「目を瞋らす」とは、目を大きく見開くこと。

# 解説　「法華取要抄《ほっけしゅようしょう》」

「法華取要抄《ほっけしゅようしょう》」は、日蓮大聖人が佐渡流罪《さどるざい》の赦免後《しゃめんご》ほどなく鎌倉《かまくら》から身《み》延《のぶ》に移《うつ》られて間もない文永《ぶんえい》十一年（一二七四年）五月二十四日、五十三歳の時、下総国葛飾郡八幡荘若宮《しもうさのくにかつしかぐんやわたのしょうわかみや》（千葉県市川市若宮）の門下・富木常忍《ときじょうにん》に宛《あ》てて送られた御書である。日興上人《にっこうしょうにん》は十大部《じゅうだいぶ》の一つに選ばれている。

御真筆《ごしんぴつ》（二十四紙完）は、富木邸《ときてい》を淵源《えんげん》とする中山法華経寺《なかやまほけきょうじ》（千葉《ちば》県市川《いちかわ》市中山）に国宝の「立正安国論《りっしょうあんこくろん》」「観心本尊抄《かんじんのほんぞんしょう》」の両抄《りょうしょう》とともに現存《げんそん》する。

日興上人《にっこうしょうにん》またはその弟子の日澄《にっちょう》によるとされる写本には「文永十一年日」とあって、同年の御執筆《ごしっぴつ》であることが明示されており、また別の古写本には「五月二十四日」とあるので、現存《げんそん》の御真筆《ごしんぴつ》は文永十一年五月二十四日に著《あらわ》されたと推定される。

本抄には二つの草案《そうあん》があり、その御真筆《ごしんぴつ》が身延山久遠寺《みのぶさんくおんじ》に伝承《でんしょう》されていたことが、日意《にちい》（一四四四年～一五一九年、身延山久遠寺十二世）の『大聖人御筆《おふで》目録《もくろく》』に「法花取要抄　初ノ三枚メヨリ二枚計不足」「以一察万抄　法花

取要抄ノ事也　一帖」とあり、日乾《にちけん》（一五六〇年〜一六三五年、身延山久遠寺二十一世）の『身延山久遠寺御霊宝記録《みのぶさんくおんじごれいほうきろく》』に「一、法華取要抄　十三紙　中間不足　奥云日一国仏法等」「一、以一察萬抄　十九紙」などとあることから分かる。

この二つの草案の御真筆《ごしんぴつ》は、明治《めいじ》八年（一八七五年）の大火で焼失《しょうしつ》してしまった。ただし、日暹《にっせん》（一五八六年〜一六四八年、身延山久遠寺二十六世）による写本が『延山録外《えんざんろくげ》』の中に納《おさ》められており、その文章は現在まで伝わっている。

この長文の御抄《ごしょう》は、大聖人がおそらく佐渡滞在中《さどたいざいちゅう》からご構想になり、身《み》延《のぶ》に落ち着いて間もなく、それまでに作成されていた草案《そうあん》を校訂《こうてい》・清書されたと推察《すいさつ》できる。

## 背景・題号

日蓮大聖人は、文永《ぶんえい》八年（一二七一年）九月十二日、竜《たつ》の口《くち》でひそかに斬《ざん》首《しゅ》されそうになる危機に遭《あ》われた（竜の口の法難《ほうなん》）。この時、「光りもの」が出現し、その敵対者の企《くわだ》ては失敗した。これを機に大聖人は、発迹顕本《ほっしゃくけんぽん》された。すなわち、宿業《しゅくごう》と苦悩《くのう》を抱《かか》えた凡夫《ぼんぷ》という迹《しゃく》（仮《かり》の姿）を開いて、凡夫の身に、内証《ないしょう》（内面の覚《さと》り）として久遠元初《くおんがんじょ》の自受用報身如来《じじゅゆうほうしんにょらい》という生命に本来そなわる仏の境地を顕《あらわ》された。そして、外用《げゆう》（外に現《あらわ》れたはたらき）としては、法華経で教主釈尊《きょうしゅしゃくそん》から末法《まっぽう》における妙法弘通《みょうほうぐつう》を託《たく》された地涌《じゆ》の菩薩《ぼさつ》の上首《じょうしゅ》（指導者・中心者）である上行菩薩《じょうぎょう》のはたらきを果たされていく。

まず、佐渡《さど》に流刑《るけい》になった直後から執筆《しっぴつ》に取り組まれ、この末法《まっぽう》の教主としての立場を明らかにされたのが、文永《ぶんえい》九年（一二七二年）二月の「開目《かいもく》抄《しょう》」である。そして、文永十年（一二七三年）四月二十五日の「観心本尊《かんじんのほんぞん》抄《しょう》」では、末法の衆生《しゅじょう》が成仏《じょうぶつ》のために受持《じゅじ》すべき南無妙法蓮華経の本尊について解き明かされている。その後、大聖人は、法華経の肝心《かんじん》・肝要《かんよう》である南無妙法蓮華経を本門《ほんもん》の本尊と戒壇《かいだん》と題目という三大秘法《さんだいひほう》として確立されていくのである。

本抄に先立って、文永《ぶんえい》十一年（一二七四年）正月十四日の御消息《ごしょうそく》「法華行《ほっけぎょう》者逢難事《じゃほうなんじ》」の追伸《ついしん》部分で初めて、前代未弘《ぜんだいみぐ》の法として三大秘法《さんだいひほう》が整足して言及《げんきゅう》された。

「竜樹《りゅうじゅ》・天親《てんじん》は共《とも》に千部《せんぶ》の論師《ろんし》なり、但権大乗《ただごんだいじょう》を申《の》べて法華経をば心に存《ぞん》して口に吐《は》きたまわず〈此《これ》に口伝《くでん》有り〉、天台伝教《てんだいでんぎょう》は之《これ》を宣《の》べて本門《ほんもん》の本尊と四菩薩《しぼさつ》と戒壇《かいだん》と南無妙法蓮華経の五字と之を残《のこ》したもう」（御書九六五㌻）

これに対して本抄では、著作としては初めて、三大秘法《さんだいひほう》が整理して示されているのである。

すなわち、本抄の結論部分である大段第三の第12段で、

「質問する。仏である釈尊《しゃくそん》が亡《な》くなってから二千年余《あま》りの間、竜樹《りゅうじゅ》・天《てん》親《じん》や天台大師《てんだいだいし》・伝教《でんぎょう》大師が明らかにしなかった秘密の教えとは何か。答える。法華経本門《ほんもん》の本尊と戒壇《かいだん》と「妙法蓮華経」という題目の五字である。

（問うて云《いわ》く如来滅後《にょらいめつご》二千余年・竜樹《りゅうじゅ》・天親《てんじん》・天台《てんだい》・伝教《でんぎょう》の残したまえる所《ところ》の秘法《ひほう》は何《なに》物《もの》ぞや、

答えて云《いわ》く本門《ほんもん》の本尊と戒壇《かいだん》と題目の五字となり）」（御書三三六㌻）

と述べられている。

そしてこの「本門《ほんもん》の三つの法門」（＝三大秘法《さんだいひほう》、御書三三八㌻）として説《と》き示して弘通《ぐつう》される「妙法蓮華経の五字」（南無妙法蓮華経）は、法華経の肝要《かんよう》であり、日蓮大聖人が末法《まっぽう》という時に適《かな》った教えとして「広略《こうりゃく》を捨てて肝《かん》要《よう》」（御書三三六㌻）を選ばれたことが述べられている。

このように、末法《まっぽう》に弘通《ぐつう》すべき法として法華経の肝要《かんよう》を選び取られたことから、大聖人自ら題号を「法華取要抄《ほっけしゅようしょう》」とされたと拝《はい》する。

本抄御執筆《ごしっぴつ》の翌年に当たる建治《けんじ》元年（一二七五年）の「撰時抄《せんじしょう》」では三大《さんだい》秘法《ひほう》には触《ふ》れられていないが、翌・建治二年（一二七六年）七月の「報恩《ほうおん》抄《しょう》」で、本門《ほんもん》の本尊と題目についてはより詳しく示されていく。

「法華取要抄《ほっけしゅようしょう》」は、内容的に文永《ぶんえい》十年（一二七三年）四月の「観心本尊抄《かんじんのほんぞんしょう》」との連続性が強い。

「本尊抄《ほんぞんしょう》」の後半では、五重三段《ごじゅうさんだん》の法門を通して、寿量品《じゅりょうほん》を中心とする本門《ほんもん》の一品二半《いっぽんにはん》こそが、釈尊《しゃくそん》の最重要の教えが説《と》かれた箇所《かしょ》であることを明かし、その寿量品の文底《もんてい》に秘《ひ》められている南無妙法蓮華経こそが末法《まっぽう》の衆生《しゅじょう》が成仏《じょうぶつ》するための本尊であることを明かされている。

これを受けて、本抄では、南無妙法蓮華経が本門《ほんもん》の本尊と戒壇《かいだん》と題目の五字という三大秘法《さんだいひほう》として説かれて広められることを示されている。

また、この末法《まっぽう》における妙法弘通《みょうほうぐつう》については、「本尊抄《ほんぞんしょう》」では抄末《しょうまつ》に、下種《げしゅ》の法である南無妙法蓮華経を誰《だれ》がいつ広めるかについて、要点だけ簡《かん》潔《けつ》に明かされていた。すなわち、七難《しちなん》のうちの残っていた二難である自界《じかい》叛逆難《ほんぎゃくなん》と西海《さいかい》（他国《たこく》）侵逼難《しんぴつなん》が起こっている同抄御執筆《ごしっぴつ》当時こそ、「仏の記《き》文《もん》」（＝仏の未来記《みらいき》を顕《あらわ》す文、御書二五四㌻）に照らして、地涌《じゆ》の菩薩《ぼさつ》が出現して本門《ほんもん》の本尊を顕《あらわ》す時であると述べられ、日蓮大聖人こそが、まさにその地涌の菩薩の振《ふ》る舞《ま》いをされていることを示されていた。

なお、この内容については、「本尊抄《ほんぞんしょう》」御執筆《ごしっぴつ》直後の文永《ぶんえい》十年（一二七三年）閏《うるう》五月に著《あらわ》された「顕仏未来記《けんぶつみらいき》」でさらに詳しく論じられ、大聖人御自身がインドの釈尊《しゃくそん》、中国の天台大師《てんだいだいし》、日本の伝教大師《でんぎょうだいし》という、法華経流《る》通《つう》の正統に連なることを明かして、御自身を含《ふく》めた四人を「三国四師《さんごくしし》」と位置づけられている（御書五〇九㌻）。そうした位置づけは、「法華行者逢難《ほっけぎょうじゃほうなん》事《じ》」にも見て取れる（御書九六七㌻）。

このような御姿勢《ごしせい》は、本抄冒頭《ぼうとう》の署名《しょめい》にも表れている。すなわち、「扶《ふ》桑沙門《そうしゃもん》日蓮之《これ》を述《の》ぶ」（御書三三一ジペー）とある。この扶桑とは日本の別名である。もともとは古代中国の伝説において、東海の島に生えている木で、そこから太陽が昇《のぼ》るとされた。それ故《ゆえ》、〝日出《い》ずる所〟の意義があり、末法《まっぽう》の大法《だいほう》の出現と、その一閻浮提広宣流布《いちえんぶだいこうせんるふ》の意義が示唆《しさ》されている。また沙門とは、出家者《しゅっけしゃ》、仏道修行者の意である。したがって、「扶桑沙門日蓮」には、末法流布の大法である三大秘法《さんだいひほう》を建立するのが日蓮大聖人にほかならないことが示されていると拝《はい》することができる。さらに「述ぶ」とは〝述べ伝える〟の意味で、大聖人が上行菩薩《じょうぎょうぼさつ》として付嘱《ふぞく》を受けた法華経の要法《ようぼう》を末法の衆生《しゅじょう》に伝えるとの意が含《ふく》まれていると拝される。

これらに対して本抄末尾《まつび》では、この点に新たな出来事を加えて考察をさらに進めて論じられている。

すなわち、第14段「広宣流布《こうせんるふ》の前触《まえぶ》れ」では、正嘉《しょうか》の大地震《おおじしん》、文永の大《だい》彗星《すいせい》をはじめ、それ以後、本抄御執筆《ごしっぴつ》当時まで続いている天変地異《てんぺんちい》は、末《まっ》法《ぽう》における広宣流布の先相であると示された後、文永《ぶんえい》十一年（一二七四年）正月に起こった複数の太陽の出現と同年二月に起こった二つの明星《みょうじょう》の出現に注目されるのである。

そして、それらの出来事が、当時の知識によれば、一国に複数の王が出現したり皇太子《こうたいし》が二人出現したりする予兆《よちょう》であると分析《ぶんせき》され、前代未聞《ぜんだいみもん》の国土が乱れる大難が起こることを予言される。

その大難とは、「立正安国論《りっしょうあんこくろん》」で予言された三災七難《さんさいしちなん》のうち、まだ起こっていない「兵革《ひょうかく》」の災《わざわい》であり、「自界叛逆難《じかいほんぎゃくなん》」「他国侵逼難《たこくしんぴつなん》」に当たるのであるが、二つの太陽が出現する以前、文永《ぶんえい》九年（一二七二年）二月に既《すで》に「二月騒動《そうどう》（北条時輔《ほうじょうときすけ》の乱）」という形で「自界叛逆難」は起こっていた。

したがって、この二つの太陽の出現によって国土が乱れる大難とは、具体的には、謗法《ほうぼう》ゆえの治罰《じばつ》のために他国からの攻撃《こうげき》を受ける「他国侵逼難」が想定されていたと考えられる。それ故《ゆえ》、「一国」ではなく、「四天下《してんげ》一同の諍論《じょうろん》」（御書三三八ジペー）と記されているのではないかと拝《はい》される。

そして、このような時こそ、その混乱を収拾《しゅうしゅう》し人々を救《すく》う「本門《ほんもん》の三つの法門」（同ジペー）を広める時であり、その時に必ず全世界に広宣流布《こうせんるふ》していくことを述べ、本抄を結ばれている。

なお、本抄で予言された国土の大混乱は、本抄御執筆《ごしっぴつ》と同じ文永《ぶんえい》十一年（一二七四年）の十月に、蒙古《もうこ》の襲来《しゅうらい》として現実のものとなった。その後も、蒙古による外患《がいかん》の危機は続き、人々の緊迫感《きんぱくかん》は一段と高まっていった。

大聖人は、翌・建治《けんじ》元年（一二七五年）に「撰時抄《せんじしょう》」を著《あらわ》され、この一国の枠《わく》を超《こ》えての「前代未聞《ぜんだいみもん》の大闘諍《だいとうじょう》」（御書二五九ジペー）の時に、その災難を根源から解決するため、「立正安国論《りっしょうあんこくろん》」で訴《うった》えられたことを再確認《さいかくにん》して、前代未弘《ぜんだいみぐ》の大白法《だいびゃくほう》である南無妙法蓮華経を打ち立て、不惜身命《ふしゃくしんみょう》の実践で全世界に広宣流布《こうせんるふ》していくことを呼びかけられていくのである。

本抄に関連する文永《ぶんえい》十一年（一二七四年）の出来事を時系列に配すると、

以下のようになる。

文永《ぶんえい》十一年

正月二十三日　佐渡《さど》で「二つの日（あるいは三つの日）」出現
二月　五日　東方に明星《みょうじょう》が二つ並んで出現
　　十四日　流罪の赦免状《しゃめんじょう》が出る
三月　八日　赦免状《しゃめんじょう》が佐渡《さど》に届く
　　十三日　佐渡《さど》・一谷《いちのさわ》を出発
　　二十六日　鎌倉《かまくら》に帰還《きかん》
四月　八日　幕府《ばくふ》から招待。平左衛門尉頼綱《へいのさえもんのじょうよりつな》らからの諮問《しもん》に応じる
　　　　第三回国主諫暁《こくしゅかんぎょう》。年内の蒙古襲来《もうこしゅうらい》を予言
　　　　幕府から祈禱《きとう》の依頼《いらい》と寺院の供養《くよう》の提案があったが拒否《きょひ》
　　十日　阿弥陀堂《あみだどう》の加賀法印《かがのほういん》による祈雨《きう》

十一日　祈雨の成功により北条時宗《ほうじょうときむね》が加賀法印《かがのほういん》に引き出物を出す

十二日　大風が吹《ふ》いて光り物が飛び、大きな被害《ひがい》が出る

五月　十二日　鎌倉《かまくら》を離《はな》れる

十七日　身延《みのぶ》に到着《とうちゃく》

二十四日　「法華取要抄《ほっけしゅようしょう》」として清書

六月　仮の庵室《あんしつ》が完成

十月　蒙古襲来《もうこしゅうらい》（文永《ぶんえい》の役《えき》）

## 構成

本抄は三つの大段に分かれる（日寛上人《にちかんしょうにん》の『取要抄文段《しゅようしょうもんだん》』）。

### 大段第一　釈尊《しゃくそん》の教えの勝劣《しょうれつ》を明かす（御書三三一㌻一行目～三三三㌻十五行目）

この大段は、釈尊《しゃくそん》が生涯《しょうがい》かけて説いた諸経の勝劣《しょうれつ》について、教法《きょほう》と教主《きょうしゅ》の二つの観点から明かし、法華経が最も優《すぐ》れた経であることを示される。

これは「開目抄《かいもくしょう》」の第36段「諸経の浅深《せんじん》・勝劣《しょうれつ》を判定する」（御書二一八㌻十行目～二二三㌻四行目）の議論と、「観心本尊抄《かんじんのほんぞんしょう》」の第11章「教主に関して尋《たず》ねる」（御書二四二㌻十四行目～二四三㌻十行目）における法華経の教主についての難信難解《なんしんなんげ》の議論とを要約し整理し直されたものとなっている。

まず、教法についてである。

諸経ではその経《きょう》自身が第一であると主張するが、それは限られた範囲《はんい》での第一であるにすぎない。これに対して法華経では、法師品《ほっしほん》で示されるように「已今当《いこんとう》」のすべての範囲で第一であることが示される。

またその法華経が第一であることは、教主《きょうしゅ》である釈尊《しゃくそん》が主張しただけではなく、多宝如来《たほうにょらい》と十方《じっぽう》の分身《ふんじん》の諸仏も保証しており、この点が他の経典と違《ちが》うと示される。さらに、法華経が説《と》き示される相手も、諸経のように二乗《にじょう》や凡夫《ぼんぷ》や文殊《もんじゅ》などの諸菩薩《しょぼさつ》ではなく、久遠《くおん》の釈尊の本弟子《ほんでし》、すなわち地涌《じゆ》の菩薩であることに言及《げんきゅう》される。

次に、教主《きょうしゅ》については、法華経の迹門《しゃくもん》と本門《ほんもん》で説《と》かれる「三五《さんご》の二法《にほう》」に基《もと》づいて、法華経の教主である釈尊《しゃくそん》が末法《まっぽう》の衆生《しゅじょう》にとって縁《えん》ある仏であることが示される。

まず化城喩品《けじょうゆほん》で釈尊《しゃくそん》が三千塵点劫《さんぜんじんてんごう》という過去に大通智勝仏《だいつうちしょうぶつ》の第十六王子という菩薩《ぼさつ》として修行をした因位《いんい》の面からも、三千塵点劫の昔に下種《げしゅ》を受けて以来、教化《きょうけ》されてきた娑婆《しゃば》世界の衆生《しゅじょう》にとっては、釈尊こそが縁《えん》ある仏であることが示される。

また覚《さと》りを開いた仏としての果位《かい》の面からも、寿量品《じゅりょうほん》で釈尊《しゃくそん》が五百塵点《ごひゃくじんてん》劫《ごう》という久遠《くおん》の過去に成道《じょうどう》し、それ以来、娑婆《しゃば》世界に常住《じょうじゅう》して説法《せっぽう》していることが明かされたことに基《もと》づいて、あらゆる仏が久遠《くおん》の釈尊の弟子であり家来であると明かされ、娑婆世界の衆生《しゅじょう》にとって釈尊こそが親の徳をそなえた縁《えん》ある仏であることが示される。

そして最後に、諸宗の学者やその信者が、この真実を弁《わきま》えず釈尊《しゃくそん》を忘れて他の仏に救済《きゅうさい》を求める非を糾弾《きゅうだん》されている。

## 大段第二　法華経の対象となる時と機根《きこん》（御書二三三ページ十六行目～二三六ページ一行目）

大段第二からは問答形式となる。

最も優《すぐ》れた教えである法華経は、どのような時のどのような機根《きこん》の人のために説《と》かれたかという議論がなされる。

これは、「観心本尊抄《かんじんのほんぞんしょう》」の論証の結末部分である、第9段（第25～28章）

「文底《もんてい》下《げ》種《しゅ》三段《さんだん》の流通分《るつうぶん》を明かす」（御書二四九ページ十行目～二五二ページ十七行目）、第10段（第29・30章）「地涌《じゆ》の菩薩《ぼさつ》が出現する時を明かす」（御書二五二ページ十八行目～二五四ページ十七行目）における議論を要約・整理されたものである。

この大段第二では、まず「本尊抄《ほんぞんしょう》」と同じく迹門《しゃくもん》・本門《ほんもん》ともに末法《まっぽう》の衆生《しゅじょう》のために説《と》かれたことが明かされる。

まず、迹門《しゃくもん》は、序品《じょほん》第一から後の品《ほん》へと順次で読めば第一に菩薩《ぼさつ》、第二に二乗《にじょう》、第三に凡夫《ぼんぷ》のために説かれたことが分かるのに対して、安楽行品《あんらくぎょうほん》第十四から前の品へというように逆次に読めば、滅後《めつご》の衆生《しゅじょう》のためであり、わけてもその本意は末法《まっぽう》の衆生のためであることが示される。この逆次に読むというのは、日蓮大聖人の独自の視点である。

そしてさらに、末法《まっぽう》の衆生《しゅじょう》の中でも特に大聖人のために説《と》かれたことが、本抄によって初めて明かされる。その理由として、仏法流伝史上、大聖人ただお一人が、法華経のゆえに経文どおりの難に遭《あ》ったことを挙《あ》げられ、喜《よろこ》びとされている。

次に、本門《ほんもん》は、一つには従地涌出品《じゅうじゆじゅっぽん》第十五前半の略開近顕遠《りゃくかいごんけんのん》は法華経以前の四教《しきょう》と迹門《しゃくもん》で教えを受けた人の得脱《とくだつ》のためであり、もう一つには涌出品後半の動執生疑《どうしゅうしょうぎ》から如来寿量品《にょらいじゅりょうほん》第十六と分別功徳品《ふんべつくどくほん》第十七の前半という本門正宗分《ほんもんしょうしゅうぶん》の一品二半《いっぽんにはん》はもっぱら滅後《めつご》の衆生《しゅじょう》のためであることが示される。この本門正宗分《ほんもんしょうしゅうぶん》の範囲《はんい》は、天台大師《てんだいだいし》が立てたものとは異《こと》なり、略開近顕遠を含《ふく》まない大聖人独自のものである（違《ちが》いの詳細は第8段〈注4〉を参照、本書63～66ジ゙ペー）。

そして、末法《まっぽう》の衆生《しゅじょう》を救《すく》うために釈尊《しゃくそん》が残した「第一の良薬《ろうやく》」が南無妙法蓮華経であると端的《たんてき》に示されている。

## 大段第三　末法流布《まっぽうるふ》の大法を明かす（御書二三六ジ゙ペー一一行目～二三八ジ゙ペー五行目）

末法《まっぽう》に流布《るふ》すべき前代未弘《ぜんだいみぐ》の大法《だいほう》が、「本門《ほんもん》の本尊と戒壇《かいだん》と題目の五字」という三大秘法《さんだいひほう》の南無妙法蓮華経であることをまず示される。そして妙法《みょうほう》五字という肝要《かんよう》だけを取る理由について、釈尊《しゃくそん》が末法の衆生《しゅじょう》のために肝要を取って地涌《じゆ》の菩薩《ぼさつ》に授《さず》けたことを挙《あ》げられる。

続いて、末法《まっぽう》にこの肝要《かんよう》の法が流布《るふ》する瑞相《ずいそう》を論じられる。これは、「観心本尊抄《かんじんのほんぞんしょう》」の論議をふまえつつ、その後に起こった複数の太陽と二つの明星《みょうじょう》の出現という天文現象についての意義付けを加えてなされている。すなわち、一国に二人の王や太子が出現して国が大混乱する予兆《よちょう》であり、その前代未聞《ぜんだいみもん》の争いの時こそ、諸経で予言されているように、その大混乱を収拾《しゅうしゅう》し人々の幸福と社会の平穏《へいおん》をもたらす大法を弘通《ぐつう》する時であることを確認《かくにん》されている。

そして、このような時に、上行菩薩《じょうぎょうぼさつ》らの聖人《しょうにん》が三大秘法《さんだいひほう》を打ち立て、全世界に広宣流布《こうせんるふ》することは疑《うたが》いないと宣言され、本抄を結ばれている。

現代語訳　**法華取要抄**


発行日　二〇一九年四月二十八日

監　修　池田大作

編　者　創価学会教学部

発行者　松岡　資

発行所　聖教新聞社

〒一六〇-八〇七〇　東京都新宿区信濃町一八

電話〇三-三三五三-六一一一（大代表）

印刷所　株式会社　精興社

製本所　牧製本印刷株式会社

＊

落丁・乱丁本はお取り替えいたします





定価は表紙に表示してあります

ISBN 978-4-412-01653-8